AF359917

LUCIEN DUBOIS

L'EXPOSITION

UNIVERSELLE

A VOL D'OISEAU

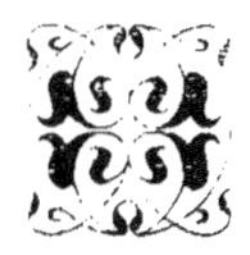

PARIS

E. DENTU | Alph. LEMERRE
GALERIE DU PALAIS-ROYAL | PASSAGE CHOISEUL, 47

1867.

L'EXPOSITION UNIVERSELLE

A VOL D'OISEAU

—

COUP D'ŒIL D'ENSEMBLE

—

Il est deux circonstances où l'embarras est permis à qui entreprend d'écrire : la stérilité, ou la trop grande abondance du sujet à traiter. Le dernier cas est le mien. Comment oser m'aventurer au sein de ce prodigieux microcosme industriel et artistique qui s'étale en ce moment au Champ-de-Mars, et auprès duquel la classique tour de Babel devait être un modèle d'unité et de simplicité? Entre le monument assyrien et la Babel parisienne, il y a toute l'incommensurable distance qui sépare la brique cuite au soleil d'une machine à vapeur. Le roi Nabuchodonosor a pris la peine de nous transmettre après coup, sur le premier, de piquants renseignements en calligraphie cunéiforme, tout récemment déchiffrés par l'érudition moderne, sur des fragments de briques, un livre qui vaut bien pour la durée nos in-12 en papier de chiffons. J'ignore si, en l'an 4000, quelque Jules Oppert, venu peut-être de la Nouvelle-Zélande tout exprès pour pratiquer des fouilles archéologiques dans les ruines de la Babylone des bords de la Seine, parviendra à découvrir quelque inscription plus ou moins fruste, écrite en une langue morte depuis des siècles, qui lui parlera de notre Babel de 1867. Il y aura beau temps alors que nos livres, revues et journaux, auront disparu, rongés par les vers, ces maîtres suprêmes de l'homme et de ses œuvres. — La Babel asiatique n'était-elle pas, en effet, comme la manifestation du génie de l'homme d'alors, comme une exposition générale de son industrie? Je me hâte d'ajouter que la comparaison ne doit pas aller plus loin, et que le monument du Champ-de-Mars n'affecte aucunement, matériellement du moins, la prétention sacrilége d'escalader le ciel et de braver Dieu sur son trône éternel. Un simple coup d'œil suffit pour juger ses visées moins audacieuses. Plusieurs même, et je serais de ce nombre, les accuseraient volontiers d'être modestes jusqu'à l'humilité.

Tout a été dit sur les défauts et sur les qualités, également considérables, du nouveau temple élevé à l'Industrie. Qui ne connaît les critiques dont a été l'objet cette construction de fer et de verre si colossale en surface, mais relativement si mesquine en hauteur? Les lazzis même ne lui ont pas été épargnés. Tous les termes de comparaison ont été épuisés : halle, dock, usine à gaz, gare de chemin de fer, etc. Il n'est pas jusqu'au « boudin » de Louis Veuillot[1] qui n'ait fait rire Paris pendant au moins vingt-quatre heures, *grande Parisiensis œvi spatium*, comme dirait Tacite. — La *Lune* (non point l'astre des nuits, mais le journal satirique de ce nom), cherchant un rapprochement dans le même domaine culinaire, a irrévérencieusement comparé la rotonde du Champ-de-Mars à une poële à frire.... Pour contenter tout le monde, mettons le « boudin » de M. Veuillot à frire dans la « poële » de la *Lune*, et n'en parlons plus.

Constatons, toutefois, que, à mesure que l'ordre se faisait dans ce chaos, les lazzis se taisaient devant la grandeur et la variété du spectacle. Ce spectacle est en effet incomparable en son genre, et jamais l'homme depuis la création n'en contempla de pareil.

Quand, de l'amphithéâtre du Trocadéro, l'œil enveloppe cet étonnant ensemble, il est tout à la fois émerveillé et dérouté. Ce fouillis de constructions de tous les pays, de tous les styles, de toutes les architectures, depuis le palais turco-persan où l'art oriental a déployé tous ses caprices, toutes ses gracieuses fantaisies,

---

[1] *Les Odeurs de Paris.*

jusqu'au temple protestant aux formes pesantes et écrasées ; — ce chaos de pagodes, de mosquées, d'église gothique, de temples, de kiosques, de palais mauresques, de cottages anglais et américains, de tentes arabes, de *teocalli* mexicain, de caravanséraï égyptien, etc., groupés en désordre et comme semés au hasard par la main d'un géant : — par dessus, cette forêt de mâts, de tours, de cheminées, de phares, de moulins, de minarets, de clochetons, de dômes, de coupoles, de hampes où flottent aux vents les pavillons bariolés de toutes les nations et des principales villes du monde : — au milieu, cette énorme masse rougeâtre, cette vaste et lourde ellipse de tôle, dont le dos arrondi ressemble à la carapace de quelque monstre antédiluvien endormi : — tout cela compose un spectacle assurément des plus étranges et qui tient de la fantasmagorie. S'il fait nuit, et si, débouchant tout à coup des hauteurs de Passy, vous contemplez le même panorama éclairé des feux de milliers de becs de gaz et des éclairs intermittents des phares, que les eaux fuyantes de la Seine reflètent et multiplient, — vous êtes ébloui, et vous vous demandez quelle fête nationale célèbrent ces illuminations. Cette fête-là, Paris se la donne tous les soirs.

Mais descendons de ces hauteurs, et approchons.

Il n'est sans doute pas un seul de mes lecteurs qui n'ait vu, au moins en image, le palais de l'Exposition. Aussi ne m'arrêterai-je point à décrire la forme extérieure de ce vaste entonnoir, lequel, procédant, du plus au moins, au rebours des conditions ordinaires de l'art, va se creusant de la circonférence au centre, et dont le jardin du milieu semble être le fond. Puisque l'on tenait absolument à l'aménagement intérieur actuel, fort ingénieux d'ailleurs, imaginez le même édifice élevant, comme autant de gradins, ses zônes concentriques jusqu'à une coupole dominant le tout ; sous ce dôme, comme dans un sanctuaire, placez les principaux chefs-d'œuvre de l'art et de l'industrie, disposés en groupes harmonieux, entrecoupés de verdoyants parterres et d'eaux courantes, — et vous aurez, au lieu de ce dédale de boutiques et de magasins, un magnifique coup-d'œil d'ensemble, plus imposant que celui que nous offrait la grande nef du palais de 1855. Les ingénieurs en ont décidé autrement, car ce sont des ingénieurs et non des architectes qui ont édifié ce colosse de fer. Quelle plus belle occasion pourtant fut jamais offerte à l'art architectural, de se manifester et de s'illustrer ! Elever un temple à l'industrie et aux arts de tous les peuples, quel programme! C'eût été là, pour l'architecture, son exposition à elle, et ce pouvait être l'une des plus magnifiques. Mais, de tous les arts, l'architecture moderne est le plus stérile et le plus stationnaire. Chez elle, l'invention fait place au pastiche, et elle ne sait plus qu'imiter les Grecs, les Romains, les Persans ou les gothiques.

Nos architectes auraient-ils fait mieux que les ingénieurs en cette solennelle circonstance? Il est permis d'en douter, si nous en jugeons par les monuments dont ils émaillent à la douzaine le nouveau Paris, depuis l'église triangulaire de Saint-Augustin jusqu'au tribunal de commerce, si plaisamment coiffé de travers de sa toque pyramidale, sans oublier les nouvelles Tuileries, où les bœufs paissent sur les toits sous prétexte de représenter l'agriculture. La tâche est malaisée d'ailleurs, je le reconnais : défaire l'œuvre de dix siècles et la refaire en dix ans, c'est à peine si l'immortelle pléïade artistique de Périclès et celle de Léon X réunies y eussent suffi.

Revenons à l'édifice du Champ-de-Mars. Tel quel, il faut l'accepter. Aussi bien, s'il flatte peu l'œil par son aspect, il l'étonne par ses dimensions. Je doute que jamais la terre ait porté une aussi gigantesque construction en métal. Quelques chiffres donneront l'idée de ses proportions, mieux que ne pourrait le faire une description détaillée. L'édification de ses murailles, arcatures, etc., de ce que l'on pourrait appeler son squelette, a exigé jusqu'à *treize millions* de kilogrammes de tôle. La garniture des fenêtres et baies diverses qui éclairent son enceinte, n'a pas demandé moins de *six hectares* de verre à vitres. Une égale surface de zinc a été dépensée pour la couverture. La superficie du terrain sur lequel s'élève l'édifice, ne mesure pas moins de 155,000 mètres carrés, dont 9,300 en promenade couverte, 5,700 en jardin central et 140,000 en galeries d'exposition [1]. Le visiteur, ou mieux le voyageur qui entreprendrait

---

[1] Pour mieux juger, par comparaison, des proportions de l'édifice du Champ-de-Mars, rappelons que le Palais de Cristal de Londres en 1851 et celui de Paris en 1855, ne mesuraient, avec toutes leurs dépendances, le premier, que 95,000 mètres

de parcourir ces galeries dans leurs divers tours, détours et méandres, n'accomplirait pas un trajet moindre de *soixante-douze kilomètres*, un peu plus que la distance de Nantes à Saint-Nazaire, un espace de dix-huit lieues qu'un train express de chemin de fer mettrait trois heures à fournir. Encore ne parlons-nous ici que de l'intérieur du palais. A quel chiffre arriverions-nous si nous mesurions la surface, double en étendue, du reste du Champ-de-Mars, les mille sinuosités qui, sur un espace de 300,000 mètres carrés, partagent le parc et les jardins, et en font un labyrinthe aussi vaste que compliqué! Un ingénieux industriel n'a-t-il pas imaginé, pour guider le voyageur dans ce dédale, une boussole, comme s'il s'agissait de traverser l'Océan ou le grand désert? Dans le parc du moins, en plein air, l'explorateur peut se reconnaître plus aisément; pour calculer sa longitude et sa latitude, il a certains points de repère, et tout d'abord le cours du soleil, cette boussole des premiers navigateurs.

LE PARC EXTÉRIEUR

Section française.

Puisque nous sommes dans le parc, restons-y. N'est-il pas logique, d'ailleurs, d'étudier le vestibule avant d'entrer dans le temple? Ici, du reste, contrairement à la règle ordinaire, le vestibule est plus vaste que l'édifice, l'accessoire l'emporte, en étendue du moins, sur le principal. Il ne s'agit de rien moins pour nous que d'une sorte de voyage de circumnavigation à la façon des Magellan et des Cook, du tour du monde en raccourci.

Nous sommes en France. Comme de juste et en vertu de l'axiome de la charité bien ordonnée, notre pays s'est fait la part la plus large ; et cette part est si bien remplie, qu'elle paraît trop petite encore. Comment décrire tout ce qui s'y trouve entassé : usines,

carrés, et le second que 123,000. Comparez ces chiffres aux 455,000 mètres consacrés au palais de 1867 et à ses annexes, sans parler encore de l'exposition particulière de Billancourt, qui ne comprend pas une surface moindre de 225,000 mètres !

machines, palais, kiosques, moulins, carillons, ruines factices, châlets, castels gothiques, cascades, rivières serpentant à travers de verdoyantes pelouses ombragées de massifs d'arbres, lac du sein duquel jaillit, à cent pieds en l'air, le rouge style en fer du phare des Roches-Douvres? C'est toute une ville au complet et pouvant se suffire, avec son église gothique, son riche pavillon impérial, ses maisons ouvrières, sa crèche, son théâtre, ses brasseries, ses cafés, ses restaurants, ses statues, ses magasins, ses établissements artistiques (photographie, photosculpture, hydroplastie, galvanoplastie, électrochimie, cristallerie, imprimerie, etc.), sa manutention perfectionnée, où le blé entre en grain pour en sortir bientôt sous la forme de pains appétissants, par milliers de kilogrammes. Tout à côté, le ministère de la guerre vous offre une jolie collection d'engins plus perfectionnés encore, destinés à guérir l'homme de la dégradante nécessité de manger, et à le mettre en état de n'avoir plus besoin des services de la manutention voisine. Ne vous disais-je pas que nous étions en pleine civilisation? Il est vrai que, non loin de là, la Société internationale récemment instituée pour le soulagement des blessés sur les champs de bataille, — et dont les armoiries chrétiennement éloquentes consistent simplement en une croix rouge sur fond blanc, — a exposé d'autres engins destinés à combattre les meurtriers effets des premiers. Le sens commun se demande s'il ne vaudrait pas mieux que l'homme commençât par ne pas tuer ou blesser son semblable ; cela le dispenserait de rechercher ensuite les moyens de réparer les ravages de ses fureurs fratricides. Mais ce raisonnement est si simple qu'il risque fort de n'être pas mis en pratique de sitôt. Depuis que l'homme existe, il ne s'est peut-être pas écoulé un seul jour où il n'ait rougi de son sang un point ou un autre de la terre. Suivant le mot douloureusement profond de Joseph de Maistre, il semble qu'il soit utile que le céleste jardinier émonde de temps en temps l'arbre humain, pour en activer la séve. Flèche sauvage, fusil à aiguille, ou canon rayé, — peu lui importe l'instrument pour sa divine besogne. L'arme réputée la plus civilisée est précisément celle qui répand le plus de sang et moissonne le plus de vies dans le moins de temps possible : amère ironie du *progrès* et des *lumières!* —

Ajoutons que la Prusse et les États-Unis d'Amérique se distinguent
tout particulièrement par l'ingéniosité de leurs appareils, dans ce
concours universel de philanthropie aussi contradictoire que digne
d'éloges. Ces deux pays devaient bien à l'humanité cette compen-
sation. Le sanglant holocauste d'hommes tués ou mutilés qu'ils
viennent d'offrir au Moloch de la guerre, a dû être pour eux une
école qui leur a permis d'étudier à leur aise, et sur la plus vaste
échelle, le mérite comparatif des méthodes de pansement.

N'insistons pas sur ce douloureux sujet, et passons.

La section française du parc, en se continuant vers l'École Mili-
taire, nous conduit au jardin réservé, un Eden artificiel, que la
magique baguette de M. Alphand, l'enchanteur Merlin aux ordres
de M. Haussmann, a fait surgir des stériles fondrières du Champ-
de-Mars. Ce ne sont que pelouses et boulingrins, monticules aux
molles ondulations, sentiers sinueux, ruisselets et lacs en miniature, bouquets d'arbrisseaux exotiques, parterres de fleurs rares;
pavillons et châlets, serres parfumées que domine la voûte aérienne
du palais de cristal; grottes sombres et fraîches aux tortueux détours,
qui étonnent le visiteur et l'égarent dans leur dédale souterrain;
aquariums où s'ébattent des poissons de mer ou d'eau douce,
sous vos pieds, à vos côtés, ou nageant sur votre tête dans leur
transparent bassin de cristal, où ils se détachent sur le ciel comme
une bande d'oiseaux qui volent; cavernes où les stalactites qui
descendent et les stalagmites qui montent se rencontrent pour
former de frêles colonnettes d'albâtre.... Si, vous attardant
par une tiède soirée, vous vous arrêtez à contempler cet ensemble, du seuil de la grande serre ou du sommet de l'aquarium
d'eau douce, vous aurez peine à vous soustraire au charme, surtout
si, par surcroît, un orchestre vous envoie du châlet de là-bas ses
harmonieuses fanfares...

Section allemande.

En sortant du jardin réservé, nous tombons sans transition
au beau milieu de la Belgique et de la Hollande. Après un
regard jeté dans l'intérieur de cette *métairie hollandaise*, à la pro-

verbiale propreté, mêlons-nous au flot de ces pieux pèlerins qui vont faire leurs dévotions à l'un des dieux de ce monde, le plus puissant peut-être, même avant l'or,—au dieu Diamant. Nous entrons dans la célèbre taillerie de M. Coster d'Amsterdam, la première du monde, celle qui a eu l'honneur de polir l'*Etoile-du-Sud* et le *Koh-i-noor*, deux pierres grosses comme mon pouce et avec lesquelles on pourrait acheter un royaume, et pas mal de consciences par dessus le marché. Ces diamants bruts que nous voyons là étalés, n'ont-ils pas toutes les allures de vulgaires cailloux? Vous et moi nous les foulerions irrévérencieusement aux pieds sans y prendre garde, si nous venions à les rencontrer sur notre chemin, ce qui est peu probable d'ailleurs, les cailloux de cette espèce étant fort rares et ne se trouvant guère que dans quelques lieux privilégiés, comme l'Inde, l'Oural, Bornéo, et surtout au Brésil, dans la province de Minas-Geraes, d'où proviennent tous ceux que nous avons sous les yeux. Ce n'est qu'au moyen de sa propre poussière, saupoudrant une plaque horizontale d'acier sur laquelle on l'appuie et qui tourne avec une rapidité de 2,500 tours à la minute, que le diamant peut être entamé et taillé en facettes. Cet orgueilleux et inutile frère du modeste et précieux charbon de terre, n'est-il pas un symbole saisissant de l'injustice comparative avec laquelle sont appréciés ici-bas le brillant et l'utile? Le diamant et l'or d'une part, la houille et le fer de l'autre : comparez les destinées et pesez les services, et dites s'il n'y a pas toute une philosophie dans ce simple rapprochement. Je doute fort que le jour vienne jamais où ces dames en arriveront à se parer d'un bracelet de fer ou d'un collier de charbon de terre. Et pourtant, Madame, ce diamant dont vous êtes si vaine, saviez-vous qu'il n'est chimiquement qu'un pur et simple morceau de charbon, comme cet humble et noir fragment de houille que vous dédaignez?

Porte monumentale de la citadelle d'Anvers, guerrier gaulois debout sur un dolmen celtique, machines agricoles et autres ; une fort remarquable exposition de peintures, la première peut-être après la française, avec laquelle elle devrait, en bonne justice, se fondre, presque tous les artistes belges étant Parisiens de par l'éducation et le domicile : voilà ce que nous présente la Belgique. J'allais oublier une fort ressemblante statue équestre du feu roi Léopold, qui semble saluer son vis-à-vis Guillaume de Prusse, caracolant sur son cheval de bataille. On raconte qu'à son récent voyage, S. M. prussienne a souri gracieusement à cette courtoisie du hasard et a daigné rendre en personne son salut à son royal voisin de bronze, lequel continue impassiblement à tenir son chapeau à la main... pour le roi de Prusse.

L'œil inquiet cherche en vain ici la statue de M. de Bismark, en grande tenue de major de cuirassiers de la landwehr, portant à la main un fusil à aiguille et sur la tête son casque à paratonnerre. C'est une lacune regrettable et dont nous ne nous consolerions pas s'il ne nous avait été donné de contempler la personne même du Richelieu berlinois.

Vous plairait-il d'aller vous reposer un instant à cette ferme, qui, près de la statue héroïquement tapageuse, en casquée et moustachue du vainqueur de Sadowa, produit l'effet d'une idylle coudoyant la guerre? Lait chaud et œufs frais, voilà ce que vous offrent à l'envi vaches et poules, non point en figure, mais bien en chair et en os, ruminant et caquetant. A moins que vous ne préfériez goûter aux produits de ce restaurant populaire, vaste comme une halle, véritable usine à bouillon et à roastbeef, outillée pour servir par jour dix à quinze mille dîners. Puis, après avoir erré au milieu de ces basses-cours, de ces ruches bourdonnantes, de ces cloches sonores, de ces machines agricoles et de ces locomotives routières (celles, entre autres, de deux Nantais, MM. Renaud et Lotz), des tentes et autres ustensiles du *Dock du campement* et du *Bazar du voyage ;* après avoir respectueusement salué au passage ce tonneau monumental, de la contenance de 210,000 litres, rival de ce foudre fameux des Electeurs palatins, célébré par Hoffmann et que mes yeux eurent, il y a quelques années, l'honneur de contempler dans les caves du château de Heidelberg; après avoir respiré en passant l'âcre parfum du fromage de Roquefort, que vous pouvez voir se fabriquer et se manipuler dans ce souterrain; — nous poursuivrons, s'il vous plaît, notre excursion ethnologique.

Voici groupés, en dépit de la géographie, la Prusse et ses divers appareils ; — la Bavière et sa belle exposition de tableaux ; — le Danemark et son humble maisonnette ; — le Wurtemberg et sa machine à papier en pâte de bois ; — la Saxe et son établissement scolaire ; — le Tyrol et son châlet à toit quadrangulaire ; — la Slavonie et ses bois débités ; — l'Autriche, avec ses terres cuites, ses magnifiques bois de construction, sa fameuse brasserie Dreher, sa boulangerie non moins renommée, son café, son débit de vins de Tokai et autres (décidément on mange et on boit beaucoup en Autriche) ; — l'Espagne, avec son *horchateria* (lisez café), où vous êtes servi par de nobles *segnoras* et *segnoritas* tout étincelantes de soie, d'argent et d'or, et que volontiers vous prendriez pour de royales infantes ; avec son monumental castel de Salamanque, un peu lourd, mais de grand air et de haute mine, où sont entassés les produits de la métropole et des colonies, principalement les vins de celle-là et les non moins célèbres cigares de celles-ci, pêle-mêle avec un taureau empaillé, symbole de la passion nationale pour la tauromachie ; — le Portugal, enfin, et son ravissant pavillon mauresque-renaissance, où les Indes et l'Afrique ont étalé leurs productions brutes et ouvrées, débris d'une prospérité à jamais éteinte.

A quelques pas de l'Espagne, la Suède et la Norwége ont construit deux maisons en bois, dont l'une, dite de *Gustave Wasa*, est la fidèle reproduction de la chaumière habitée par le héros pendant son exil en Dalécarlie. Etroite à la base, évasée au sommet, flanquée d'un escalier extérieur en colimaçon, ceinte d'une galerie à jour, revêtue de feuilles de bois qui lui font comme une cuirasse d'écailles, pour toit une prairie émaillée de fleurs : voilà en quelques traits cette étrange maison.

La Russie nous offre de son architecture des spécimens plus variés, en raison de la multiplicité des races humaines répandues sur son immense surface. A côté de l'*ourassa* (wigwam d'été), en écorce de bouleau, d'une famille yakoute de la Sibérie (en hiver ces peuples misérables se bâtissent sans doute des huttes de glace et de neige durcie, comme font leurs frères d'Amérique les Esquimaux), s'arrondit la *yourta*, ou tente, en feutre multicolore, des Kirghizes nomades des steppes asiatiques. Un peu plus loin s'élève une élégante habitation en deux corps de bâtiments réunis par une cour couverte, le tout bâti en troncs entiers de sapin, habilement enchevêtrés et calfeutrés, avec toit et pendentifs en solives richement ouvragées. A l'intérieur, des harnais, des instruments de labour, des fourrures, des pelisses en peaux de mouton, un large fourneau revêtu de faïence et dont le dessus sert de lit d'hiver à la famille, de naïves images du czar, de saint Nicolas et de la Panagia, que l'on dirait sorties des presses de notre Epinal, et à côté desquelles est un petit sanctuaire avec lampe et bougies coloriées... Cela, dit l'étiquette, nous représente une *isbah* de paysan russe. Plus d'un bourgeois parisien se contenterait de ce charmant chàlet pour maison de campagne. O Gogol, Tourguenef, Tchihatchef et tant d'autres, que nous contiez-vous donc de la profonde misère des prolétaires vos compatriotes? Heureusement que M. de Custine nous a appris à nous prémunir contre le besoin qu'éprouve votre pays, votre gouvernement surtout, de se parer, de se farder, de *s'enguirlander* aux yeux de l'étranger, et notamment des occidentaux. Aussi, je soupçonne fort cette prétendue demeure de paysan de n'être qu'une maison d'apparat, une isbah d'opéra-comique, destinée à nous vanter les délices de la *sainte Russie*, et renouvelée de ces villages fantastiques dont Potemkin égayait les voyages de sa souveraine, Catherine-*le-Grand*, comme disait ce parfait courtisan Voltaire, qui, par parenthèse, rirait bien de la statue que se prépare à lui élever une fraction de ce peuple qu'il déclarait « sot et barbare, un troupeau de bœufs à jamais condamnés au joug, à l'aiguillon et au foin. »

En regard de l'isbah vraie ou apocryphe, s'étend un long châlet, succursale parisienne des écuries impériales de Pétersbourg, où sont soigneusement entretenus de magnifiques étalons de l'Ukraine, trotteurs incomparables, qui, chaque jour, côte à côte avec de grands et longs lévriers de Sibérie, prennent leurs ébats, tenus en laisse par des palefreniers moscovites.

Section orientale.

De la Russie, nous sautons sans transition à l'Italie, en ayant bien soin, à l'exemple d'Ulysse, de fermer nos oreilles aux roulades des sirènes de ce café-concert qui les relie.

Ce que l'Italie nous offre de plus digne d'attention, ce n'est point cette maison florentine, ornée de faïences émaillées, ou ce temple gréco-romain, où sont exposés les productions et les outils d'une industrie si peu avancée encore ; c'est, à mon avis, cet humble et petit souterrain, dont l'entrée étroite et basse semble se dérober sous un grossier portique d'argile rougeâtre, au-dessus duquel flotte le drapeau pontifical, armorié de la tiare et des clés symboliques. Ceci n'est ni plus ni moins qu'un spécimen des catacombes de Rome, édifié par les soins et sous la direction de M. J.-B. de Rossi, l'homme du monde qui connaît le mieux ces cryptes fameuses, l'Ariane, si j'ose dire, du grand labyrinthe chrétien. Entrez et voyez : ne dirait-on pas d'un fragment détaché de l'un des soixante hypogées jusqu'ici catalogués et dont le développement total, dans leurs trois ou quatre étages superposés, n'est pas évalué à moins de 300 lieues ? De ces étroites galeries longues de quelques mètres, l'infatigable et savant explorateur des catacombes a su composer comme le résumé de ces immenses cimetières souterrains, où par des calculs approximatifs on a pu supputer jusqu'à *six millions* de tombes. Pour cela, M. de Rossi a choisi les principaux détails que lui ont présentés les cryptes de *Callixte*, de *Domitilla*, de *Lucina*, de *Commodilla* et autres femmes ou hommes illustres, qui, propriétaires du terrain, l'ouvraient libéralement aux sépultures de leurs frères dans la foi, ainsi que faisaient d'ailleurs les riches païens eux-mêmes. Ces détails, nous les retrouvons ici en grand nombre : *cella* intérieure (chapelle), où les tombeaux servaient d'autels ; *loculi* ou niches, creusées dans la muraille ; inscriptions tumulaires, parfois à moitié païennes encore (par exemple, celles portant la dédicace *Diis manibus*) ; *graffiti*, ou inscriptions tracées par les passants à la pointe du couteau, comme il s'en rencontre un si grand nombre sur les ruines pompéiennes, à la grande joie des amateurs d'anecdotes familières sur l'antiquité ; bas-reliefs naïfs ; peintures à fresque rappelant celles de Pompéi par le vif coloris et le gracieux caprice ; images d'oiseaux, de fleurs, du bon Pasteur chargé de sa brebis (d'autres voient dans ce symbole le *Mercure*

criophore de Calamis, retrouvé dans la tombe des Nasons et ailleurs);
etc. Nous assistons ici à la transition de deux arts, de deux religions,
de deux mondes. Avec sa merveilleuse sagacité, aidée des lumières
de son frère Michel, le savant géomètre, mais surtout grâce au
puissant et bienveillant patronage de Pie IX, M. J.-B. de Rossi est
tout simplement en train de renouveler l'histoire romaine elle-
même à cette époque, et principalement celle des premiers siècles
du christianisme. Nombre de points obscurs ont été éclaircis, relativement à la société romaine, à ses rapports avec les premiers
chrétiens, aux traditions, au culte et même au dogme de la religion
nouvelle. Ce n'est pas ici le lieu d'insister sur ce sujet si intéressant. Je ne puis cependant m'empêcher de rappeler que, dans la
crypte de *Lucina*, remontant jusqu'au premier siècle de l'ère chré-
tienne suivant les estimations de M. de Rossi, le célèbre archéologue a retrouvé les noms des plus nobles familles de Rome, des
Antonius, Æmilius, Cornelius, Cœcilius, Pomponius, Atticus, etc.,
ce qui fait clairement voir, contrairement à une opinion générale-
ment admise, que ce ne furent pas seulement les pauvres et les
esclaves qui embrassèrent le nouveau culte. Serfs et maîtres, clercs
et patrons, plébéiens et patriciens, ergastules d'esclaves et palais
princiers, entendirent dès l'abord la « bonne nouvelle. » Domitilla,
parente de Vespasien, dut voir les apôtres ou leurs disciples directs.

Ainsi procède la vraie science, sans passion, sans parti-pris, à
l'aide de textes et de monuments authentiques, pour arriver à
éclaircir cette grande question des origines du christianisme, pendant que la fausse science accumule ses arguties et ses hypo-
thèses pour l'obscurcir. Passer du Ier siècle au XIXe, de Rome au
Caire, du christianisme à l'islamisme, de Pie IX à Ismaïl-Pacha, —
la transition est quatre fois malaisée; et pourtant voilà de ces
chausses-trappes que sèment sous vos pas la géographie et la chro-
nologie, également fantaisistes, de la commission impériale. M. Mariette, le Rossi égyptologue, voudra bien, j'espère, me tendre la
main pour m'aider à franchir un aussi large espace et me faire
passer d'un saut des catacombes de Rome aux hypogées de Philœ.

Donc nous voici en plein Orient, classique pays de la féerie,
comme chacun sait. Il n'a eu garde de manquer à sa renommée;

l'occasion était trop belle pour ne pas chercher à nous éblouir : il a cherché, et il a réussi. De tout le parc, c'est assurément ici la région la plus étrange et la plus somptueuse. La Turquie, la Roumanie, l'Égypte, Tunis, Siam, la Chine, le Japon, bizarrement entremêlés, luttent de magnificence ou d'imprévu. L'Orient s'est souvenu qu'il a vu naître les arts, en particulier l'architecture. Il a tenu à nous montrer qu'il n'était pas indigne de son antique réputation et qu'après tant de siècles, il n'avait pas oublié les traditions des artistes d'Ispahan et de Bagdad.

A tout *Grand Seigneur* tout honneur. — Voici d'abord un établissement qui vous invite à goûter les raffinements des bains orientaux, massage, étuve, ablutions odorantes, lit de repos, etc. — Ce kiosque du sultan, avec ses divans circulaires, ses épais tapis, son jet d'eau parfumée, ses vitraux peints à travers lesquels filtre un jour discret et doux, — ne le croiriez-vous pas apporté de toutes pièces de ces rives enchantées du Bosphore, où le pacha indolent, étendu sur de moelleux coussins, savoure le kief, ce *farniente* oriental, tout en fumant son tchibouk et en regardant couler l'eau, moins paresseuse que lui ? — Ne vous semble-t-il pas entendre, du haut de ce minaret, le muezzin proclamant les heures et invitant les vrais croyants à venir invoquer Allah et son prophète dans cette mosquée, jolie réduction de la célèbre mosquée verte de Brousse, avec son *mihrab* et son *mimber* d'où l'*imam* lit le Koran au peuple ? — Voilà pour la Turquie. Bains, kiosque et mosquée, n'est-ce pas là toute la vie musulmane résumée dans ces trois édifices ?

Quant à l'Égypte, c'est tout un éblouissement. Évidemment l'Altesse a voulu surpasser la Majesté, le vice-roi a tenu à éclipser son suzerain. Dépensant les millions sans compter, Ismaïl-Pacha a fait les choses en prince des *Mille et une Nuits*. Ne mentionnons que pour mémoire ce corps de logis, d'un cachet déjà si original, où sont logés les palefreniers et chameliers bronzés ou noirs, auxquels un ruisseau vient complaisamment apporter l'eau nécessaire à leurs ablutions religieuses. — Que dites-vous de ce vaste *okel* ou karavanséraï, clos de fenêtres et de grilles à la façon d'un couvent ? Comme ce rez-de-chaussée est élevé, ombreux et frais ! Comme les deux pans obliques du plafond fuient à propos pour arrêter le soleil

au passage et l'empêcher de pénétrer à l'intérieur ! Comme l'air et
la lumière circulent librement et se jouent à travers ces larges et
élégantes claires-voies, ces ravissants *moucharabiehs* découpés
comme une dentelle et sortis des ateliers du Caire ! Là-haut, le
long de ces galeries circulaires, s'ouvrent des appartements,
les uns servant de logement au personnel indigène, les autres contenant une précieuse collection de cinq cents têtes de momies,
classées suivant les dynasties et les localités. Plus haut encore est
le toit en terrasse, d'où l'œil charmé découvre, dans un vaste panorama, l'Exposition, toute une partie de Paris et de ses environs,
jusqu'aux collines boisées de Meudon et de Saint-Cloud. — Redes-
cendons pour voir travailler ces ouvriers africains, orfèvres, brodeurs, tisseurs de nattes, passementiers, tourneurs, barbiers, venus
du haut Nil, jusque du Soudan peut-être, pour nous offrir un spécimen vivant de leur primitive industrie. Idée originale et féconde,
pour le dire en passant, et qui, d'après le premier programme de la
présente Exposition, devait être réalisée sur une tout autre échelle.

Tout d'abord, en effet, on avait conçu le projet de faire appel à
toutes les nations civilisées et de les inviter à envoyer au Champ-
de-Mars un ou plusieurs représentants des diverses races humaines
habitant leur métropole ou leurs colonies. Quel curieux spectacle,
quel intérêt puissant n'eût pas offert un tel congrès, à la fois industriel et ethnologique ! Vous figurez-vous le barbare et le sauvage se
coudoyant, l'Australien de la Nouvelle-Galles du sud, le Kanaque
des Marquises, le Polynésien de Taïti, le Malai de Java, le Tagal de
Manille, le Cingalais de Kandy, l'Annamite de Saïgon, le Parsi de
Bombay, le Hottentot du Cap, l'Yolof et le Peul du Sénégal, le
M'pongwé du Gabon, le nègre de Loanda, le Kafre du Mozambique,
le Tongouse de la Sibérie, l'Esquimau du Groënland, le Sioux des
grands lacs canadiens, l'Apache des Montagnes-Rocheuses, l'Indien
de Moyabamba, le Quichua du Pérou, le Botocudo du Brésil, le
gaucho des pampas argentines, etc., etc., travaillant côte à côte et
offrant à l'observateur le spectacle de leurs différents caractères
anthropologiques et de leurs procédés industriels, en même temps
que de leurs costumes et de leurs mœurs ? Et pour eux-mêmes,
quelle école ! quels enseignements éloquents et sans doute féconds,

2

leur eût offerts ce prodigieux assemblage de merveilles! Pour peu
que son intelligence ne fût pas trop obstinément fermée, chacun
d'eux eût pu devenir auprès des siens un missionnaire de civilisation et de progrès. Il est fort regrettable que, par suite de raisons
financières et de certains scrupules, on ait renoncé à donner suite
à ce projet que les sociétés savantes de Paris, notamment celles de
Géographie et d'Ethnologie, appuyaient de leur plus sympathique
patronage. Il n'y a guère que l'Égypte et l'Algérie qui aient répondu
à l'appel en nous envoyant des échantillons, celle-là de ses Nubiens,
de ses Fellahs, de ses noirs Soudaniens; celle-ci de ses Kabyles, de
ses Arabes et de ses Maures.

Mais fermons la parenthèse et revenons à l'Égypte. — Sommes-
nous à Philœ, à Karnaq, ou à Edfou? Ce temple que nous avons
devant nous, n'est-ce pas un de ceux que Strabon nous décrivait
déjà avec tant d'exactitude, il y a dix-neuf siècles? Le calque est
parfait, ainsi que l'illusion, surtout si vient à passer, comme une
vision orientale, un chameau *mahari*, rival du vent, — et si un de ces
brûlants soleils qui parfois échauffent le macadam parisien comme
ils feraient le sable du désert de Lybie, éclaire le monument et
fait ressortir les mille détails, le vif coloris de ses innombrables
fresques. Ce pylône évasé portant au front le globe ailé symbolique ;
cette avenue de sphinx en granit rose, accroupis ; ce vestibule gardé
par deux autres sphinx en marbre noir, mystérieuses sentinelles
de ce mystérieux sanctuaire ; ce fronton décoré du globe et du
scarabée sacrés ; cette galerie carrée entourant l'édifice et dont le
toit repose sur vingt-deux colonnes trapues, au sommet desquelles
s'épanouissent en chapiteau la feuille du lotus et le quadruple
masque jaune de la déesse Athor, aux énormes yeux noirs ; ces
murailles partout couvertes, à l'intérieur et à l'extérieur, d'hiéroglyphes, ou de peintures représentant divers métiers, des combats
ou des scènes de la vie domestique : — tout y est. On reconnaît
ici la haute et sûre direction de M. Mariette, du célèbre explorateur
du *Sérapéum* et du *Pastophorion*. L'intérieur, plus digne encore
de notre intérêt, nous offre, non plus des imitations, mais des réa-
lités, antiquités diverses empruntées au musée de Boulaq, bijoux,
ustensiles, et surtout des statues en bois, en bronze ou en pierre,

notamment celles de Chéphrem, peut-être les plus anciennes du monde, figées depuis quarante ou cinquante siècles dans leur immobilité hiératique : vénérables témoins d'un art si lointain et qui, dès les premières dynasties, quand les ancêtres de nos ancêtres étaient à peine nés, atteignit à son apogée, pour dégénérer ensuite, comme celui de la Chine, en une longue décadence. Ce n'est pas là d'ailleurs le seul point de ressemblance entre la Chine et l'Égypte. Comme les Chinois, les anciens Égyptiens étaient vraisemblablement d'origine chamite, relevée toutefois ici de croisement sémite, ainsi que l'indiquent les caractères physiognomoniques de la race et la syntaxe de son idiome élucidée surtout par M. de Rougé. Ici et là du reste, même absence d'idéal, même sens pratique et réaliste, même art colossal et imparfait, même civilisation stationnaire, même système de mandarinat administratif, même perfection dans l'agriculture, même antiquité mystérieuse, même passé ténébreux.

Tout près du temple, se dresse la statue en bronze de Champollion, lequel, le front penché, rêve sans doute à l'interprétation de l'inscription bilingue de la fameuse pierre de Rosette.

Par exemple, un édifice où l'art gigantesque et lourd de la terre d'Osiris ne fait pas sentir son influence, mais où éclate plutôt la gracieuse fantaisie de l'art persan, c'est ce pavillon du vice-roi, où toute l'Egypte est modelée en relief, et surtout ce charmant *Salamlik* tout étincelant de dorures et de glaces, salon particulier de Son Altesse, son lieu de repos lors de ses visites à l'Exposition. Ce *Salamlik*, c'est l'art des kalifes dans sa floraison, comme le *Temple* antique représente l'art pharaonesque, et l'*Okel*, l'Egypte de nos jours.

L'Isthme de Suez : Ici, grâce à M. de Lesseps, nous sommes au moins autant en France qu'en Egypte. Ce long bâtiment, terminé en rotonde, nous offre tout ensemble un relief de l'isthme, une section du canal avec modèles des bateaux, dragues et machines employés au creusement ; une riche collection archéologique et minéralogique ; puis, un superbe panorama, une des curiosités les plus attractives de cette partie du parc, où le public vient admirer, en image, les efforts titanesques de l'industrie moderne pour parfaire l'œuvre inachevée des Pharaons.

Encore une fois, tout cela est étrange et éblouissant. Et pourtant, à mon avis, la palme de la section orientale appartient à un autre monument, au palais du bey de Tunis, imité du Bardo, son Versailles africain. Découpé, ciselé, fouillé, percé de *moucharabiehs* à jour, qui laissent passer une lumière doucement harmonieuse et comme attiédie, — ce bijou de l'art mauresque est assurément l'édifice qui répond le mieux à l'idée que les livres et les rêves de notre propre imagination nous ont faite de l'Orient. C'est comme une page des *Mille et une Nuits* traduite en pierres. Escalier monumental encadré de lions, vestibule, salle des gardes avec sa riche panoplie, ravissants *salamlik* ou salons se succédant en carré, avec leurs tapis aux couleurs éclatantes, leurs moelleux divans, leurs tentures en riches étoffes, leurs plafonds guillochés et dorés, leur mobilier incrusté de nacre, — tout cela éclairé au moyen de légers treillis ou de rosaces garnies de verres coloriés, à travers lesquels glissent discrètement les rayons lumineux avec toutes les nuances de l'arc-en-ciel ; — au milieu, sous un toit incliné, aux tuiles vertes, porté par douze colonnettes de marbre, s'ouvre le *patio* (l'*atrium* des maisons pompéiennes) avec ses murailles revêtues de faïences vernissées et peintes, et son frais jet d'eau qui babille en retombant dans sa vasque encadrée de verdure et de fleurs. — Etonnez-vous, après cela, de l'indolence orientale ! Que faire en un tel séjour, à moins d'y rêver, d'y dormir, d'y fumer le tabac opiacé du tchibouk et du narghillé, d'y jouir enfin paresseusement de la vie, sans s'inquiéter de la façon dont la terre tourne et se gouverne ?

Pourquoi faut-il que ce charmant palais ait vu son rez-de-chaussée envahi et déshonoré par tous ces établissements interlopes, tunisiens aussi, il est vrai : boutiques où se vendent, avec force glapissements, dattes, tissus, tabac, cigares et cigarettes ; café-concert (!) où grince le rebec, où la mandoline nazille, où le tambourin de grès résonne sourdement, où trois ou quatre virtuoses miaulent à rendre jaloux nos chats de France, — le tout assaisonné d'une gorgée de café, liqueur et marc, servie dans une coquille en porcelaine emboîtée dans une autre ? Si l'Afrique a voulu nous exposer là un échantillon de sa musique nationale, l'intention est louable ; mais Auber et Rossini peuvent dormir tranquilles.

Du campement marocain, aux noires tentes en tissu de poil de
chameau, nous passons à ces jolies tourelles de la Roumanie, per-
cées de leurs étranges fenêtres obliques, et où l'on sent déjà que le
souffle du génie oriental a passé. — Deux pas encore, et nous
avons franchi la mer Noire et l'Asie occidentale : nous sommes à
Siam. L'empire des Thaï nous a envoyé un éléphant et ses cornacs,
logés dans une chaumière-écurie. (O Bangkok, où sont tes élégantes pyramides étagées ?) — De Siam en Chine, il n'y a guère
que quelques centaines de lieues, — une misère, que nous franchissons d'un saut, avec des bottes bien autrement puissantes que
celles du Petit-Poucet. Nous voici bel et bien à Pékin, ou à
Canton, dans une façon de pagode-restaurant-café-théâtre, mi-parti
chinois et parisien, où des garçons nés natifs des Batignolles vous
servent de la bière de Strasbourg en guise de vin de riz, et des
beefsteaks au lieu et place de nids d'hirondelles ou d'ailerons de
requins à l'huile de ricin. Dans cet établissement pseudo-chinois,
au toit recourbé aux angles en accent circonflexe, il n'y a d'au-
thentiquement national que quelques bateleurs et deux ou trois
de ces dames aux longs yeux et aux petits pieds, si souvent décrites
par les voyageurs. Les premières peut-être qui soient venues en
France, ces Chinoises sont, dans cet amas de choses curieuses,
l'une des plus recherchées.

Cet enclos, voisin de la Chine, vous représente un cottage japonais, comme qui dirait une maison bourgeoise d'un faubourg de
Nangasaki ou de Yokohama. Avec sa clôture de planches, son jar-
dinet, sa physionomie calme et honnête, cette maison tient de
la chaumière et du chàlet. N'étaient ces Japonais aux yeux
obliques et ces Japonaises qui s'éventent nonchalamment en sou-
riant et en caquetant, jolies d'ailleurs et blanches comme des Parisiennes de Paris, — cela vous produirait volontiers l'effet d'une de
ces villas champêtres où vit, l'été, le petit commerçant de la rue
Saint-Denis retiré des affaires. Sous quelque latitude qu'il vive,
l'homme ressemble à l'homme.

Section anglo-américaine.

A côté de ces pays du soleil, quelle mine piteuse et effacée fait notre brumeux Occident ? — Car, en deux pas, nous enjambons tour à tour l'océan Pacifique et l'Atlantique. — Voyez plutôt ces Etats-Unis d'Amérique, cette Angleterre, qui se proclament superbement l'avant-garde de la civilisation. En regard de ce magnifique ensemble de temples et de palais turcs, égyptiens et tunisiens, mettez cet incohérent amas de constructions à physionomie terne, grise et plate, ces maisons d'école, cette habitation de *settler* du Far-West, ces noires piles de charbon. Evidemment nous avons là sous les yeux deux civilisations fort différentes, — l'une surtout éprise de couleur, de fantaisie et d'éclat; l'autre, utilitaire, réaliste, plus pressée de produire que de jouir, inquiète, fiévreuse, ne passant pas son temps à élever des kiosques dorés ou des palais sculptés comme des bijoux d'orfévrerie; — l'une ayant pour symbole ce svelte minaret; l'autre, une machine à filer le coton. Le beau et l'utile seraient-ils donc deux formes de civilisation inconciliables et devant se partager les races humaines suivant leurs aptitudes et leur génie ? Grave question que je me garderai bien d'essayer de résoudre.

Non point que je me fasse illusion sur les splendeurs réelles de l'Orient. Je ne me laisse pas éblouir au point d'oublier que l'échantillon que nous en avons ici est plus ou moins apocryphe, paré et enguirlandé, comme l'*isbah* russe. Sous cet éclat extérieur, quelles turpitudes, quelle dégradation ! C'est au moins une justice à rendre à l'Angleterre et à sa fille-sœur la république américaine : elles n'ont pas pris la peine de se farder, elles se montrent à nous telles qu'elles sont. Mais si la figure est sincère et naturelle, par contre, il faut le reconnaître, elle manque quelque peu de gaîté et d'éclat, même dans la manifestation de ses arts et de sa foi religieuse. A côté de ce gigantesque phare électrique juché sur son haut squelette de madriers que l'on n'a pas pris le temps de vêtir de planches, parcourez les rues de cette cité pro-

testante, temple, prêche, école, boutiques de librairie, etc., dont
la Société biblique de Londres a illustré le parc : quelle physionomie morne et revêche dans ces laides constructions ! quel terre-
à-terre ! quelle absence d'idéal dans ces soi-disant symboles de
l'idéal ! Mais aussi quelle fastueuse prodigalité de papier imprimé !
quelle pluie d'évangiles, de petits traités pieux, de feuilles vo-
lantes, de brochures dévotes, en tous formats, en toutes langues, —
vous tombe sur la tête de toutes parts ! Embusqués aux portes ou
dans l'embrasure des fenêtres, de zélés distributeurs vous attendent,
vous guettent, vous arrêtent au passage, tenant à la main une pile
de livres, dont ils vous bourrent les poches. Quel pécheur recevant
en pleine poitrine cette pieuse artillerie, serait assez endurci pour
résister à ses coups? Fragments bibliques, conseils, historiettes
édifiantes, réflexions, maximes, tous les moyens sont mis en usage
pour l'ébranler et fondre la glace de son cœur. Presque toujours, il
faut le reconnaître, le catholique le plus défiant ne trouverait rien
à reprendre à l'orthodoxie de ces petits traités, d'où toute polé-
mique est absente. Quel peut être l'effet pratique de cette active
propagande par la lettre morte ? A dire le vrai, je le crois mince.
Le passant, le Parisien surtout, goguenard et sceptique, prend, lit
et rit, — et il n'en est guère que cela. Comment ne pas rendre
justice cependant à l'ardeur de ce zèle, à son désintéressement
surtout, si l'on songe à l'universalité et à la persistance de son
action, sinon à son efficacité? Depuis un demi-siècle, la Société
biblique de Londres, — en publications religieuses, en traductions
dans toutes les langues du monde, en diffusion de ses traités et
surtout de la Bible sur toute la surface de l'univers, — n'a pas
dépensé moins de *neuf cents millions* de francs ! Comparez cette
somme prodigieuse, — donnée avec une générosité si digne d'une
meilleure cause, aux quelques centaines de francs versées en un
an par telle nation catholique dans la caisse de la *Propagation de la
Foi*, — et jugez !

J'allais oublier le Mexique. Que mériterait-il, en effet, sinon le
silence, ce pays que Dieu fit si beau et si riche, et que l'homme a
fait si affreux, qui vient encore d'épouvanter le monde par un for-
fait nouveau ? Assis sur sa base carrée, évasé en pyramide tron-

quée, tout bariolé d'hiéroglyphes grotesques, son *téocalli* ou temple de Xochicalco nous représente bien, avec sa lugubre forme de tombeau ou de sarcophage, ce culte de vampires, où *Teoyao-llohua* et *Teoyoomiqui*, le dieu et la déesse de la Mort, tenaient l'un des principaux rangs, et dont les rites consistaient surtout en sacrifices humains. L'œil cherche involontairement autour de cette corniche à teinte verdâtre, ces hideuses guirlandes de crânes décharnés, décrites par A. de Solis, l'historien de Cortez. Justement, voici, pendus au sommet de la porte principale, toute une file de crânes blanchis qui se balancent au vent.

Rien d'ailleurs de très-digne d'intérêt dans ce temple-musée, sinon quelques antiquités et une copie du fameux zodiaque aztèque ou toltèque, dans lequel les archéologues ont constaté des analogies inattendues avec le zodiaque thibétain, ce qui ne serait pas un argument de mince valeur en faveur de l'opinion qui suppose que l'Amérique a été peuplée par l'Asie. Tout cela est gardé par cinq ou six Hispano-Mexicains, coiffés du large *sombrero*, vêtus du *puncho* et du pantalon aux guêtres évasées, en cuir, avec force boutons d'argent.

Ce périple, déjà trop long peut-être, ne serait pas complet si, passant sous ce pont au milieu des cascades retentissantes des pompes à feu, nous ne descendions vers le bord de la Seine, où nous attendent d'autres spectacles.

A gauche, ce sont les machines marines à vapeur anglaises et françaises, au premier rang desquelles il convient de placer la belle machine du *Friedland*, aux chaudières vastes comme une maison, avec son immense arbre de couche poli comme un miroir, et son hélice de cuivre aux ailes luisantes. Nommer Indret, dont les ateliers ont construit ce magnifique appareil, cela suffit à l'éloge de l'établissement et de son œuvre. — A droite, ce sont d'abord les divers systèmes de sauvetage et d'appareils plongeurs, parmi lesquels se distinguent les scaphandres que M. Denayrouze, lieutenant de vaisseau, leur inventeur, fait fonctionner dans un haut bassin plein d'eau, le jour à la lumière du soleil, le soir à la lueur d'un foyer électrique. Puis, c'est toute une flotille de bateaux de plaisance, à voile ou à vapeur, représentant le sport nautique des deux mondes : yoles, skiffs, yachts, gondoles, etc., les uns remisés à sec sous des hangars fermés, les autres flottant gaiement en pleine eau, les mâts pavoisés aux couleurs des diverses nations d'Europe, d'Amérique et d'Afrique. Ce microscopique trois-mâts, de quelques tonneaux, a bravement fait la traversée de l'océan Atlantique ; cet autre est venu du Danube à travers la Hongrie, l'Allemagne, la Belgique et la France. Cette gondole vénitienne, ornée de riches sculptures, a eu l'honneur de porter des Majestés, et ce yacht, des Altesses. Mais, de toute cette flotte, l'embarcation qui attire plus spécialement le regard par ses formes particulières, non moins que par son équipage, c'est la *dahabieh* du vice-roi d'Égypte, amenée du Caire à Paris avec ses noirs matelots nubiens. Naguère, le simoun embrasé enflait ses voiles triangulaires ; sa carène était caressée par l'eau fuyante du Nil, venue de ses sources toujours mystérieuses, des profondeurs de l'Abyssinie ou du Soudan, du Nyanza-d'Oukéréoué ou du Bahr-el-Ghazal. Aujourd'hui, elle flotte sur l'eau verdâtre de la Seine, et son pavillon déploie le croissant de l'Islam au souffle de notre pluvieux vent d'ouest. En passant devant l'obélisque de Louqsor, l'exilée a pu du moins saluer un souvenir de la patrie.

Tel est, à vol d'oiseau, l'ensemble de ce parc-univers. Si quelque lecteur s'étonnait de cette profusion et de cette variété de choses, de ce chaos étourdissant où sont rassemblés et résumés tous les âges, tous les peuples, toutes les civilisations, depuis la hutte sauvage jusqu'au palais, depuis le temple des Pharaons jusqu'à la machine à vapeur, — qu'il songe que nous ne sommes encore qu'au vestibule de l'Exposition et que nous en avons à peine entr'ouvert la porte !

II. — LE PALAIS.

Le Promenoir extérieur,

— Venez-vous prendre une glace au café napolitain?

— Si nous allions plutôt nous rafraîchir d'une *seidel* à la brasserie bavaroise ? À moins toutefois que vous n'ayez des préférences pour la bière de Vienne ?

— Une *sandwich* et un pot de *pale-ale*, au buffet anglais, ne vous iraient-ils point?

— Le parfum de ce moka turc, ou de ce thé japonais, ne dit-il rien à votre nerf olfactif?

Telles sont les conversations que vous entendez s'échanger aux abords du palais. À mesure que vous en approchiez, vous vous sentiez plus disposé au recueillement, une émotion presque religieuse vous envahissait malgré vous. Et voilà que vous tombez en pleine gastronomie ! Vous rêviez un temple, et vous trouvez un cabaret. Pour pénétrer dans l'enceinte sacrée, il vous faut franchir tout un rempart de cafés et autres établissements de bouche, bruyants, affairés, vertigineux. Des légions de garçons, au classique tablier, et de cuisiniers habillés de blanc, en dignes lévites du dieu Gaster : tels sont les gardiens du sanctuaire de l'industrie et des arts. Là, sous cette immense marquise ou vérandah circulaire, qui termine le pourtour extérieur du palais, sont étalés les échantillons de tous les comestibles connus, non point endormis sous des vitrines muettes, mais en action, livrés au couteau et à la fourchette de cinquante mille consommateurs. Dans cet espace, de 1,500 mètres environ de circuit et ne mesurant pas en surface moins de 9,300 mètres, se succèdent en cercle, restaurants, cafés, brasseries, buffets, etc., dont chacun correspond à la partie du palais affectée à la nation dont il porte l'enseigne.

Ce sont d'abord les vastes et brillants cafés-restaurants français, où resplendit de tout son éclat notre cuisine nationale, réputée la première du monde, ce qui ne doit pas médiocrement flatter notre patriotisme. (Apicius, s'il vivait de nos jours, aurait un *chef* français ; le pauvre Bellot, avant de s'ensevelir sous les glaces du détroit de Wellington, constatait, non sans amertume, que les seuls Français qui l'eussent devancé au pôle nord, étaient des cuisiniers, en service à bord des bâtiments anglais.) Puis viennent : les *salons de dégustation* pour les crûs de Bordeaux, de Bourgogne et de Champagne ; — le *café algérien* et ses servants bronzés ; — le réduit parfumé où cette créole des Antilles, au teint bistré, coiffée du madras bariolé, vous offre la pâte de goyaves et les liqueurs des îles ; — le *café belge* et son faro ; — le *café hollandais*, où des femmes, encasquées de lamelles d'or, vous servent le curaçao d'Amsterdam ; — le *restaurant prussien*, visiblement délaissé de la foule ; — l'*exposition vinicole hongroise-autrichienne*, où le Johannisberg coudoie le Tokai ; — les *brasseries viennoises* et *bavaroises*, où la bière, versée par des Hébés blondes comme elle, en costume d'opéra comique, ne cesse de répandre ses flots du matin au soir, avec accompagnement des fanfares d'un orchestre de cuivre condamné au Wagner forcé à perpétuité ; — la *buvette suisse*, illustrée de deux ou trois Suissesses qui, en venant d'Appenzell, ont dû s'attarder sur le boulevard Montmartre ; — le *café espagnol*, où la mantille castillane ne brille guère que par son absence ; — le *café danois*, ses tartines et son kümel ; — le *café suédo-norwégien*, qui vous présente sa blanche Suédoise et son punch, l'une versant l'autre ; — le *restaurant russe*, où tout du moins est russe des pieds à la tête, y compris l'établissement lui-même, bâti de troncs et planches de sapins apportés de Russie ; où des *moudjiks*, vêtus

d'une longue tunique de soie rose, blanche ou bleue, vous appor-
tent, à votre choix : tranches de saumon crû, *caviar* (œufs d'es-
turgeon confits) et autres mets aussi appétissants, pendant que de
fraîches Moscovites trônent au comptoir, la tête couronnée du
kokochnik national en velours rose, orné de perles et de pierreries
(fausses); — le *restaurant napolitain*, qui n'a guère de napolitain que l'enseigne; — les *cafés roumain, turc, tunisien*, où
l'Orient a marqué son empreinte par sa fantaisie et son luxe
éclatant; — le débit de *thé chinois*; — le *barroom* des Etats-Unis,
ses sodas mousseux et ses grogs, que l'on hume à l'aide de chalu-
meaux; — les *bar* (buffet) et café anglais, enfin, qui complètent le
cercle, avec leurs sémillantes *misses*, leur *sherry*, leur *stout* et leur
porter...

On le voit, « le boudin » de Louis Veuillot n'était qu'à moitié une
métaphore.

Ne dirait-on pas que quelque Gamache millionnaire aurait convié
à ses noces toutes les nations du monde et les aurait fait asseoir à
sa table? — une table longue d'un kilomètre et demi! C'est comme
un *steeple-chase* culinaire, un congrès de tous les peuples représen-
tés par leur cuisine; un cours comparé de gastronomie internationale. La Bretagne elle-même avait envoyé ici un spécimen de
ses plus jolis costumes, porté par une mère et sa fille; ces deux
femmes, dont la physionomie aristocratique ne tarda pas à éveiller
toute une douloureuse légende, et dont la modestie fuyait les re-
gards qu'attirait leur beauté, ne tardèrent pas à disparaître, aban-
donnant à d'autres un métier auquel sans doute elles n'étaient pas
habituées.

Boire le matin sa tasse de chocolat à Madrid, déjeûner à Moscou,
prendre une glace à Naples et le café à Tunis ou à Constantinople,
de temps à autre se rafraîchir d'une chope de bière à Munich ou
à Vienne, *luncher* à Londres, diner à Paris, souper à New-York :
jamais gastronome rêva-t-il une journée mieux remplie? Cette
jouissance-là, il peut se la donner tous les jours, en parcourant
quelques centaines de mètres.

C'est ici assurément un des spectacles les plus vivants et les plus
variés qu'offre Paris en ce moment.

Comment vous peindre cette foule, cette cohue de toutes nations, de tous costumes, de toutes langues, de toutes races, de toutes couleurs, qui se presse, se coudoie, se bouscule : Ecossais vêtu de son plaid et de son jupon flottant, Hongrois à la poitrine chamarrée de brandebourgs (je ne parle pas des autres étrangers européens, tous confondus sous la laideur commune du paletot et du cylindrique gibus, l'uniforme de notre civilisation égalitaire), Turcs, Egyptiens, Arabes, Tunisiens, Chinois, Japonais, allant, venant, criant, tranchant par leur costume sur la multitude des redingotes et des noirs *tuyaux de poële* au milieu desquels ils s'agitent ?... Qui sont ces personnages portant un anneau dans le nez et coiffés d'un diadème de plumes? N'est-ce point là ce couple peau-rouge que nous députa récemment l'Amérique ? O Chactas ! ô Atala ! Place ! place ! voici venir les chameliers égyptiens juchés sur la bosse de leurs rapides *mahara*... Prenez garde à ces fringants onagres d'Alexandrie (les fiacres de là-bas), qui trottinent sous leurs noirs âniers......

De cette foule, de ces cafés, de ces restaurants, de ces boutiques, de ces étalages en plein vent, s'élève un concert discordant, auquel la voix nasillarde des ténors tunisiens vient marier ses notes glapissantes, et que perce de temps à autre le trille risqué de la *prima donna* de la *Salle Suffren* d'en face.

Ahuri, vous vous demandez si vous n'assistez pas à quelque gigantesque foire de Beaucaire ou de Nijni-Nowgorod. Que manque-t-il à la comparaison? A quelques pas d'ici, s'exhibe un géant chinois long de je ne sais combien de pieds. Le *Théâtre International* voisin offre à votre curiosité toute une troupe de bateleurs plus ou moins africains, sans parler de ses *Aïssaoua* mangeurs de feu, avaleurs de serpents. La femme à barbe, le veau à deux têtes et autres phénomènes, ornements obligés de toute fête foraine qui se respecte, ne peuvent manquer de venir bientôt compléter le spectacle,... *avec la permission de M. le maire.*

Il faut bien le dire, plus d'un austère puritain gémit de voir le seuil du temple ainsi profané. Cette ceinture de tonneaux, de bouteilles, de *bocks*, de *mooss*, de jambons, de saucisses, de beefsteacks, disposés en façon de couronne autour des chefs-d'œuvre du génie

humain, paraît d'un goût équivoque à ces censeurs moroses. Ils
voient là encore ce penchant au mercantilisme qu'ils accusent
d'avoir fait, d'une grande manifestation internationale, une entreprise, une *affaire*....

Avouons, toutefois, que le public ne paraît pas partager ces
scrupules, si l'on en juge par l'empressement avec lequel il en-
combre ces établissements. L'Exposition est toute une ville, c'est
un monde ; n'est-il pas utile que ses passagers habitants y trouvent
le comfort, le vivre et le couvert ? Les organisateurs de l'entreprise,
en disposant ainsi les choses, ont bien jugé leurs contemporains,
leurs goûts et leurs tendances. Admirer les chefs-d'œuvre artistiques et industriels, c'est bien ; mais boire et manger, c'est mieux.
Buvons et mangeons d'abord, nous admirerons ensuite. L'esprit
aura assez tôt sa pâture ; au ventre d'abord la sienne. — Aussi,
voyez comme tous ces cafés, restaurants et buffets prospèrent, malgré les loyers exorbitants dont les a grevés l'économe et prévoyante
Commission.

Je ne gagerais même pas que quelques chalands, s'attardant dans
les délices de cette Capoue culinaire, sans s'apercevoir de la fuite
des heures, ne trouvent plus le temps de franchir le seuil du
palais. Ne faisons pas comme eux.

Toutefois, et avant de nous engager au sein du labyrinthe, un
mot de géographie locale.

A l'instar de l'enfer du Dante, le palais compte sept cercles. Zônes
circulaires concentriques, coupées de secteurs transversaux : tel
est, en deux mots, l'aménagement intérieur. Ce sont comme les
parallèles et les méridiens de cet hémisphère de tôle. Chacune de
ces zônes est affectée plus particulièrement à une classe de produits,
tandis que les secteurs, rayons de cette roue immense, sont les
frontières qui séparent les nations exposantes. Voulez-vous parcourir l'exposition d'un peuple dans ses diverses parties ? Suivez ce
secteur de la circonférence au centre. Préférez-vous, au contraire,
étudier dans leur ensemble les produits d'une classe donnée ? Lais-
sez-vous guider par cette galerie dans son évolution elliptique. —
Disposition toute géométrique et qui, par son intelligente symétrie,
met l'ordre dans ce chaotique entassement. Chacune des rues cir-

culaires ou rectilignes de cette ville de fer et de verre porte d'ailleurs un nom, et nous n'avons pas à craindre de nous égarer.

Cela dit, entrons et regardons.

Machines et matières premières.

I.

Quel spectacle! quel mouvement! quel bruit! Cette gigantesque
galerie qui élève sur votre tête sa voûte de tôle à 75 pieds de
hauteur, et qui, large de plus de 100, fuit là-bas de chaque côté
dans la courbure de son ellipse de 1200 mètres de développement:
quel cadre, et quel tableau il renferme! Ne sentez-vous pas tout
d'abord le vertige vous monter au cerveau? Tout à l'heure, nous
nous agitions au milieu de la cohue humaine; maintenant, c'est
une autre cohue, tout un peuple de fer, de bronze, d'acier, de
cuivre, — ici, muet, dressé en pyramides ou en trophées; là, vivant, criant, soufflant, sifflant, mugissant, — Briarée gigantesque et
multiple, agitant ses membres, étirant ses mille bras, frappant
l'air de sa tête. Les cyclopes mythiques auraient-ils transporté ici
leurs forges etnéennes? Mais où sont les forgerons? Toutes ces
masses métalliques semblent se mouvoir par une force automa-
tique et mystérieuse. Combien la réalité surpasse ici les rêves de la
fable, et comme la plus faible de ces machines l'emporte en puissance sur tous les Polyphèmes homériques!... Franchissons les de-
grés de cet escalier et montons sur cette plate-forme si à propos
élevée tout autour de la galerie, et qui nous permettra de dominer
le spectacle, d'en mieux saisir tout à la fois les détails et l'ensemble. Vues de ce balcon aérien, ces machines hurlantes et ru-
gissantes, mues toutes à la fois par la vapeur, âme invisible de ce
prodigieux et complexe organisme, — ne vous semblent-elles pas
comme une troupe de monstres domptés par l'homme, et pourtant
ne lui obéissant encore qu'en protestant et en murmurant? Créa-
tions de l'homme, plus puissantes que lui; forces de la nature, qu'il
a emprisonnées dans des corps de fer et d'acier, qu'il a faites ses
esclaves pour l'aider dans l'œuvre providentiel de la civilisation.
C'est la matière domptée servant à dompter la matière.

Chacune de ces machines a son rôle, sa tâche, et elle s'en acquitte avec une sûreté, une ponctualité, une rapidité, une puissance, que l'homme, son créateur, n'égalera jamais. Que ne font pas déjà ces ouvriers de bronze, nés d'hier pour la plupart? Voyez, par exemple, toute cette nombreuse famille des machines à travailler le coton, la laine ou la soie : cardeuses, peigneuses, dévideuses, dégraisseuses, fileuses, ourdisseuses, tisseuses, tondeuses, etc., les unes s'enveloppant d'un réseau de fils ténus et blancs comme d'un nuage neigeux, ou d'un essaim de bobines qui tourbillonnent comme une légion de farfadets; d'autres déroulant le fin tissu du drap ou du velours, ou étalant la trame éclatante d'un châle. Entendez-vous le tic-tac de la navette agile qui, incessamment chassée comme le volant d'une raquette, vole et revient pour revoler et revenir encore? Un homme, une femme, un enfant est là qui surveille, âme pensante de ce mécanisme inconscient.

Les plus durs travaux, comme les plus délicats, ont leurs appareils spéciaux : machines à percer les tunnels ou les trous de mines, à découper, plier et gommer les enveloppes de lettres ; — à lessiver et essorer le linge, à pétrir, mouler et empaqueter le chocolat ; — à tisser les filets de pêche, à mouler les dragées et les pastilles ; — à pomper l'eau, à cuire le sucre, etc., etc.

Je me demande si l'homme n'en arrivera pas un jour à se croiser les bras et à laisser faire ses machines. Déjà du moins, il peut les charger du plus dur et du plus pénible de sa tâche quotidienne.

Voyez plutôt tout ce petit monde de l'industrie parisienne, un des grands succès de cette galerie, ruche bourdonnante et agissante, où l'homme et la machine s'entr'aident pour produire ces mille riens charmants, ces petits chefs-d'œuvre de goût, qui font de Paris un artiste incomparable. — Quel objet de toilette désirez-vous, Madame? Voici des dentelles, des peignes en écaille, des camées, des perles, des bijoux de toute espèce, des agrafes, des épingles, des fleurs en papier, en plumes, en verre, en émail, etc., tout un arsenal à l'usage de la coquetterie féminine, que ces ouvriers et ouvrières s'empresseront de confectionner à votre intention sous vos yeux. — Avez-vous besoin, Monsieur, d'une paire de souliers ? 10 francs 50 et moins d'une heure suffiront pour sa complète fabrication. D'un chapeau de feutre ? Regardez peser cette poignée de poils de lapin , puis, vous en allant flâner où bon vous semblera , revenez dans cinquante minutes : ce paquet de poils , devenu chapeau par la plus singulière des métamorphoses, sera prêt à orner votre chef, tout paré , bordé, enrubanné. — Avez-vous une visite à faire, ou devez-vous répondre à une lettre lithographiée, qui, ce matin vous a fait part d'une naissance, d'un mariage ou d'un enterrement, ces trois actes de la tragi-comédie de la vie ? Voici une machine qui vous livre cent cartes à la minute, à moins que vous ne préfériez vous adresser à cet atelier d'imprimerie tenu par des jeunes filles, dont les doigts agiles et exercés se meuvent si prestement de la casse au composteur.

Et ce nombreux groupe de machines à coudre, de tous systèmes, agitant leur diligente pédale et traçant sur la toile, le drap ou le cuir, les arabesques les plus compliquées, en attendant qu'elles aient achevé de détrôner l'aiguille, cet humble et précieux outil, gagne-pain de la mansarde ! Que vous dirai-je enfin ? Ce ne sont que machines à main, à vapeur, électriques, à gaz, à air chaud, à air comprimé, qui cousent, brodent, sculptent, scient, découpent, rabotent, à tisser, à graver, à forer, à gaufrer, à estamper, à faire les boutons, à mouler les cigarettes, à découper les allumettes, à tailler le diamant, — toute une armée d'artisans métalliques rivalisant d'adresse ou de puissance. — En s'introduisant de plus en plus dans les arts usuels et en aidant l'ouvrier à produire plus et mieux, ces machines-outils préparent une révolution dans sa situation économique et dans le travail lui-même.

Toute cette matière torturée, tourmentée, pousse, si j'ose ainsi parler, une clameur confuse, à la fois sourde et stridente, gémissements des puissances naturelles asservies qui s'agitent sous le fouet de l'homme. C'est comme un tourbillon de volants, de roues, de poulies, de courroies, de pistons, de leviers, qui vont, viennent, tournoient, crient, grincent, sifflent, grondent. L'orgue vient mêler sa note religieuse et grave à ce concert discord, qu'il a peine à dominer du tonnerre de ses pédales ; pendant que la coupole tournante des phares, tout étincelante de ses mille prismes de cristal, lance sur le tout ses éclairs irisés, comme un nimbe radieux.

Je n'ai encore rien dit de ce riche musée naval, appareils et modèles de bâtiments blindés, — toute une flotte en miniature ; — de la carrosserie, de son luxe, de ses formes variées ; — du matériel des chemins de fer, locomotives et wagons, pour le comfort desquels nos administrations auraient tant à apprendre de l'étranger, de la Prusse notamment (nous avons pu en juger sur les lieux) ; — des engins et ustensiles nécessaires à l'exploitation des mines, — de la télégraphie électrique, si riche déjà de systèmes ingénieux, dont le plus étonnant est assurément le *Pantélégraphe* de M. l'abbé Caselli, qui vous permet d'envoyer instantanément votre portrait à deux cents lieues de distance : etc., etc.

Voulez-vous un saisissant contraste? Après avoir admiré ces merveilleuses inventions, arrêtez-vous un instant devant ces travailleurs algériens, cet orfèvre en filigrane, ces brodeurs maures, ces tisserands arabes, ce vieux nègre vannier, ces Kabyles tailleurs de bouchons de liége. Quelques pas les séparent à peine de la ruche parisienne dont nous avons essayé de décrire l'activité. Mais ces quelques pas sont un monde : c'est l'industrie primitive et ses procédés naïfs, côte à côte avec l'industrie la plus raffinée, aidée des inventions les plus parfaites de la science.

Cette galerie des machines nous offre d'ailleurs, sous ce rapport, le plus éloquent enseignement. Elle est, dans son ensemble, comme la frappante image du degré de civilisation matérielle auquel sont parvenus, à l'heure qu'il est, les divers peuples du monde. Pour en juger, il n'est pas même besoin d'ouvrir les yeux, il suffit de prêter l'oreille. En France, en Angleterre, en Belgique, en Allemagne, dans les États-Unis d'Amérique, tout est bruit et tumulte. En Espagne, en Portugal, en Italie, le silence est déjà sensible. En Turquie, en Égypte, en Chine, à Siam, au Japon, il est complet. Des crocodiles et un chameau empaillés, un éléphant en plâtre, un tombereau, des palanquins (fort élégants et fort riches du reste) : voilà les « machines à vapeur » que nous envoie l'Orient ! Partout ailleurs, sauf dans les arts du dessin, il peut lutter encore, quelquefois même avec avantage. Mais ici, la supériorité de l'Occident est écra-

sante. Sans nous arrêter aux réflexions que ce contraste fait naître
en foule sur le passé, le présent et l'avenir de l'humanité, sur le
génie comparatif des diverses races et les aptitudes des différents
peuples, — poursuivons notre chemin, continuons nos instructives
comparaisons, autant que la chose est possible à de profanes tou-
ristes qui n'ont jamais vécu dans la familiarité des bielles, des
pistons et des coussinets.

Ici encore, à y regarder de près, chaque peuple industriel révèle
son génie spécial, son caractère, par d'intéressantes particularités.
Les machines françaises ont je ne sais quoi de fini, d'élégant, une
tendance au parfait en même temps qu'à l'économie du combustible
et de la matière première, deux choses dont la nature s'est montrée
avare à notre égard. L'Angleterre, elle, vous offre de robustes machines construites pour faire le plus de besogne dans le moins de
temps possible, et douées d'une insatiable faim de combustible, à
laquelle peuvent largement satisfaire les dépôts houillers dont cette
même nature a si libéralement pourvu ce sol privilégié ; - dépôts
qui s'épuisent pourtant, tout en livrant chaque année à l'industrie
84 millions de tonnes de houille, équivalant à un travail mécanique
de *108 millions* de chevaux-vapeur ! Mais, d'ici à un ou deux siècles,
terme assigné par la statistique au complet épuisement de ces dépôts, la science a le temps de découvrir une nouvelle source de
force dynamique. Ajoutons, comme dernier trait de caractère, que
l'Angleterre a érigé au seuil de son exposition une pyramide haute
d'environ soixante pieds et figurant le volume de l'or extrait des
mines de l'Australie dans les quinze dernières années. Que de dévots pèlerins vont pieusement contempler ce simulacre doré ! comme
leurs yeux brillent de convoitise en lisant ce chiffre fabuleux de
36,000,000 d'onces, représentant une valeur de plus de *trois mil-
liards et demi* de francs ! Qu'était en comparaison le veau d'or des
Hébreux ? Ce veau-ci, il est vrai, n'est que doré ; mais n'est-ce pas
la digne idole de ce temps de ruolz et de strass ? — En Amérique, les
machines ont quelque chose d'original et d'audacieux, qui sent bien
ce peuple d'aventureux *squatters,* plus pressés de produire vite que
de produire bien, toujours en quête du nouveau.

Pour ce qui est de la Prusse, en fait de machines perfectionnées elle nous envoie des canons, de tous calibres, de toutes formes, à âme lisse ou rayés, en bronze ou en acier, se chargeant par la bouche ou par la culasse, ceux-ci énormes, ceux-là mignons et charmants comme des bijoux de poche : tout un arsenal au complet. M. de Bismark a-t-il voulu nous faire peur en étalant sous nos yeux tout ce parc d'artillerie, cet attirail de guerre, à peu près comme fait le magister qui montre le martinet aux écoliers récalcitrants pour les inviter à être bien sages? On le croirait, surtout à voir ce monstre d'acier, ce canon géant, qui pèse avec son affût près de *cent cinquante mille livres* et lance des boulets creux du poids de 500 kilogrammes... Au moins M. de Bismark se conduit là en galant homme et sachant son monde, il n'épargne pas la matière et nous envoie un diplomate de poids. Chaque parole, chaque coup, veux-je dire, de ce Talleyrand de fer, ne coûte guère qu'un millier de francs ! Espérons pour les finances prussiennes, et aussi un peu pour cette pauvre vie humaine si menacée, qu'il ne sera pas trop bavard. Si sa parole coûte si cher, son silence serait d'un tout autre prix ! Nos journaux, d'autre part, ne nous parlaient-ils pas naguère d'un petit canon récemment inventé chez nous et qui, David de bronze, dirait au besoin son fait au Goliath prussien? En attendant, notre fonderie impériale de Ruelle riposte au léviathan de M. Krupp (le Vulcain du Jupiter à aiguille) par l'envoi de deux colosses, lesquels, à la vérité, ne pèsent que 38,000 kilogrammes, une misère ! 12,000 de moins environ que leur rival d'Essen...

D'ailleurs, ici, l'œil se heurte un peu partout à des engins de guerre, tous plus formidables les uns que les autres, et luttant de puissance destructive.

Tant il est vrai que le palais de l'Industrie est le *temple de la Paix !*

II.

Après la galerie des machines, vient celle des matières premières : houille, fer, bois, cuirs, minéraux et végétaux, produits terrestres et marins. Là, c'était la matière animée et vivante ; ici c'est la matière brute et morte. Là, des monstres dévorants de tôle et d'acier, qui réclament leur proie en hurlant ; ici, des substances toutes passives, qui semblent attendre que les dents et les bras des monstres voisins les saisissent, les broient, les aplatissent, les tordent, les étirent, les filetent, les travaillent et les torturent de toutes manières.

Cette zône des matières premières, l'une des moins fréquentées de la foule, est cependant l'une des plus dignes d'intérêt. Les autres galeries sont plus spécialement consacrées aux produits du travail de l'homme. Celle-ci est, si j'ose dire, la galerie du travail de Dieu. L'homme ne fait que manipuler et transformer ce qui est : Dieu seul crée. L'homme use la vie de nombreuses générations pour arriver à découvrir un fait inaperçu jusque-là. Ses plus sublimes inventions ne sont que la constatation pure et simple de lois providentielles qui existaient à son insu ; et, quand après des efforts séculaires il a reconnu enfin une de ces lois, il se proclame grand et se dresse des statues, comme s'il avait établi cette loi lui-même, et en oubliant trop souvent le véritable législateur. La matière a été livrée à l'homme pour qu'il la travaille et la façonne à son gré : là s'arrête son pouvoir. Quoi que rêve son orgueil, il ne franchira jamais ce cercle, si vaste et si étroit tout ensemble ; jamais il ne lui sera donné d'accroître d'une parcelle ce domaine de la matière abandonné à son activité. Tout le génie humain, dans sa collectivité de temps et d'espace, viendra toujours échouer contre un atome, comme l'Océan trouve la limite de sa puissance dans le grain de sable de ses rivages. C'est assez pour la gloire de l'homme que Dieu l'ait élevé à la dignité d'auxiliaire, de collaborateur de sa Providence. A Dieu seul appartient le secret de la création et de la vie.

Regardez plutôt et admirez la merveilleuse variété des richesses dont le Créateur, si paternellement prodigue, a doté notre globe, notre France en particulier.

La terre est ici tout entière résumée dans ses produits, de l'Australie à l'Europe, de la Sibérie glacée au brûlant Sénégal.

C'est d'abord l'innombrable famille des végétaux : bois français et exotiques, pour la menuiserie, la charpente et les constructions navales ; les divers textiles, lin, chanvre, etc. ; les céréales, les

cafés, les tabacs, etc., dans toutes leurs variétés connues, — le
caoutchouc, ce ductile Protée qui se prête à tant de métamorphoses ; — puis, cette si curieuse collection d'éponges de toutes
formes, de toutes grosseurs, êtres mystérieux tenant du minéral,
du végétal et de l'animal comme un anneau destiné à relier les trois
règnes (quelques-unes de ces éponges ont, par un singulier hasard,
végété sur des amphores phéniciennes en bronze, que les plongeurs
ont ramenées avec elles du fond de la Méditerranée, où elles
gisaient depuis vingt ou trente siècles) : — ensuite, le groupe des
produits chimiques, si riche, si varié, tout étincelant de ses cristaux, et, en première ligne, ces couleurs admirables que l'industrie,
guidée par la science, vient de tirer de la houille, cette obscure et
noire matière appelée si justement, par l'illustre Stephenson, un
« morceau de soleil, » lequel, emmagasiné par le travail des âges,
se réveille enfin, après avoir dormi dans les entrailles de la terre
pendant des milliers de siècles, et nous apparaît aujourd'hui sous
la triple forme de chaleur, de lumière et de couleurs, sans parler
de ses précieuses vertus antiseptiques récemment découvertes par
la médecine : — enfin, toute cette vaste province de la métallurgie,
qui vient de s'enrichir de conquêtes inattendues, et qui nous offre
ici les spécimens de ces nouveaux métaux : *cæsium*, *thallium* et
rubidium, dont le soleil, par l'analyse spectrale de son atmosphère,
vient de révéler si merveilleusement l'existence à la terre : preuve
nouvelle et éclatante de la providentielle solidarité qui relie les
mondes entre eux, la création dans son ensemble !

Certes, l'homme a tiré de ces richesses naturelles un merveilleux parti, nous venons de le voir et nous l'allons mieux voir
encore. Le *roseau pensant* a le droit d'être fier de son œuvre. De
son intelligence, comme d'un sceptre, ce fragile roi de la création
domine la matière, dont la conquête lui fut un jour imposée comme
épreuve et comme réhabilitation. Trop faible pour attaquer direc-
tement cet élément si puissant dans son inertie, il est allé jusqu'à
lui communiquer un souffle de sa vie, afin de faire de cet ennemi
son plus actif auxiliaire, le contraignant ainsi à lutter contre lui-
même et à concourir à sa propre défaite.

Et pourtant, parmi ces produits spontanés du sol, combien ne

sont pas encore utilisés ! Ce sont précisément les régions que la
nature a le plus largement dotées, — ce vieil Orient si fécond toujours, cette Afrique toute chaude des rayons d'un soleil généreux,
cette Amérique méridionale fertilisée par les plus grands fleuves du
monde, — ce sont ces régions qui, par leurs produits végétaux et
minéraux, occupent ici la plus large place et qui, dans les autres
galeries, occupent la plus petite. La nature avance plus à créer que
l'homme à transformer.

Vêtement, Mobilier et Arts libéraux.

I.

Nous venons de parcourir tour à tour, trop à la hâte, le monde
des machines et celui des matières brutes : les deux cercles sui-
vants nous offrent les produits de la transformation des unes par
les autres. Et il faut voir quelle variété de merveilles a enfantée
cette collaboration ! Ces titans de bronze et d'acier, que nous
voyions tout à l'heure broyer la matière avec une irrésistible puissance, sont aussi des fées dont les doigts déliés et subtils savent
se prêter aux œuvres les plus délicates.

Depuis que l'araignée (son nom àrya-sanscrit signifie *la tisseuse*)
enseigna, dit-on, à l'homme l'art de filer et de tisser le lin, quel
chemin parcouru ! Comme le vêtement humain s'est compliqué
depuis la feuille de figuier de l'Eden ! L'homme s'est ingénié pour
élargir et modifier de mille façons ce primitif et sommaire habille-
ment. D'une infirmité dont, seul parmi les animaux, il fut frappé,
il s'est évertué à faire un ornement, une parure. Ses besoins,
stigmates indélébiles de sa misère, ont été par contre le plus actif
stimulant de son génie, la source la plus féconde de son progrès
matériel et social.

Il faut avouer toutefois que, dans l'art du vêtement, la part comparative des deux sexes est loin d'être égale en variété et en éclat.
Il semble que l'homme, à mesure qu'il se civilise, fasse tous ses
efforts pour épaissir les tissus à son usage, en éteindre les couleurs,

en roidir la coupe, pour se couvrir d'une enveloppe étriquée, anguleuse, morose, aux sombres reflets, comme s'il portait le deuil de quelque catastrophe. Il faut aller chez le paysan, chez l'homme barbare ou même sauvage, dans cet Orient surtout où le soleil semble tout teindre de ses rayons, pour retrouver la fantaisie, la variété, l'ampleur, la légèreté, les couleurs éclatantes.

Pendant que le fils civilisé d'Adam s'étudie à s'enlaidir ainsi des pieds à la tête, toutes les ressources de la nature son mises à contribution pour parer la fille d'Eve. La mer lui apporte ses perles et son corail, la terre la couronne de ses diamants et de ses pierres précieuses, le lin et le ver à soie la vêtent de leurs fils délicats..... Parcourez toute cette zône des tissus et des bijoux, féerique royaume où trône invisible la reine de la création : ces moires chatoyantes, ces châles brodés, ces robes constellées, ces mousselines semblables à des nuages, ces velours moelleux, ces tulles diaphanes, ces dentelles de France, d'Angleterre, de Belgique et de Suisse, luttant de finesse et de grâce vaporeuse ; ces soieries diaprées, dont le sceptre appartient toujours à nos fabriques lyonnaises, de par le goût et la perfection ; — ces vitrines toutes rayonnantes du feu des diamants, du reflet de l'or et des pierreries, opulentes parures que mille yeux dévorent et dont la valeur se calcule par millions. — Et dans une sphère plus humble, ces draps de Sedan, de Roubaix, de Reims et d'Elbeuf ; ces cotonnades et ces coutils de Normandie ; ces perses imprimées d'Alsace ; ces chaussures dans toutes leurs variétés ; ces coiffures de toutes formes, depuis notre laid, incommode et noir cylindre de feutre, jusqu'à ce microscopique fouillis de fleurs, de dentelles et de rubans, que, par habitude, ces dames appellent encore un chapeau......

Nous voilà bel et bien habillés, de pied en cap. Il s'agit présentement de nous loger. Les maisons ne sont pas là, mais voici du moins tout ce qu'il faut pour les meubler : lits, bahuts, dressoirs, fauteuils, canapés, divans, bibliothèques, tables, pendules, glaces, cheminées, lustres, candélabres, etc., de tous genres : marqueterie, mosaïques, incrustations de cuivre à la façon de Boule ; de tous styles, y compris l'égyptien, le *chinois*, l'étrusque, le pompéien, le byzantin, le gothique, le renaissance, le Louis XIV, le Louis XV, le Louis XVI, le Directoire, l'Empire (où est le style Napoléon III?). Le bronze et le marbre, seuls ou mariés l'un à l'autre dans une savante harmonie; l'onyx, le porphyre, l'acier, le cuivre, le zinc, le fer repoussé, la fonte, le carton-pâte, le carton-pierre, la faïence, les émaux, la nacre, l'ivoire; tous les bois connus, chêne, ébène, thuya, etc., — maniés par nos habiles artistes, Fourdinois, Grohé, Mazaroz, Guéret, Viot, Leglas-Maurice (de Nantes), Michel Bouquet (de Lorient), etc., — rivalisent de fantaisie, d'imprévu et de richesse pour créer une ébénisterie sans rivale.

Mais quels seront les Rotschild assez millionnaires pour payer l'orfévrerie de ces Cellini modernes qui s'appellent Christofle, Froment-Meurice, Fannière, Odiot; — ces tapisseries d'Aubusson, de Beauvais, de la Savonnerie; — ces bronzes de Barbedienne et de Mène; — ces immenses glaces de Montluçon et de Saint-Gobain mesurant plus de *20 mètres* en surface; — surtout ces éblouissants amas de cristaux, lustres géants, vasques-fontaines hautes de 20 pieds, candélabres énormes, corbeilles, girandoles, bols, vases, hanaps, buires, gobelets, flacons, coupes, verres, si variés de formes, de contours et de couleurs, croisant leurs feux comme de multiples arcs-en-ciel, massifs ou minces et fragiles à ne pas oser les toucher du doigt, transparentes mousselines vitrifiées, bulles de savon fixées, — prodige de l'industrie, *Palais de diamants* des *Mille et une Nuits* édifié concurremment par les célèbres cristalleries de Saint-Louis, de Clichy et de Baccarat? Quant à ces chefs-d'œuvre de Sèvres et des Gobelins (cette ravissante copie de l'*Aurore* du Guide, en particulier, si pure de dessin, si harmonieuse de ton, d'une perfection si étonnante), ce sont là morceaux de princes, que les Majestés s'offrent en présents.

A côté des porcelaines de Sèvres, les faïences de MM. Pull, Jean, Deck et autres céramistes de renom, ne laissent pas que de faire figure, bien que l'imitation de l'éternel Palissy continue à se faire trop sentir. Encore un peu et notre faïence moderne, aidée des progrès de la chimie, n'aura rien à envier aux fameuses fabriques de Nevers et de Rouen.

Et les *armes* que j'oublie! et les étoffes pour rideaux et tentures,

reps, damas, lampas, etc., qui le disputent en coloris et en variété
de dessins aux papiers peints, si surprenants eux-mêmes de fini et
de nuances : — et la *parfumerie*, qui imprègne l'air de ses senteurs
énervantes, odorant champ de bataille où tous les Jean-Marie Fa-
rina, ces Étéocles et Polynices de l'eau de Cologne, continuent leur
lutte épique à coups de flacons ; — et l'*horlogerie*, qui s'évertue à
mesurer avec une précision de plus en plus étroite les quelques
instants que nous avons à vivre ici-bas ; — et la *photographie*,
cette invention française qui, née depuis moins d'un demi-siècle,
fait chaque jour de si étonnants progrès ; — et la *musique*, ses pianos, ses orgues, ses harmoniums, tout son orchestre d'instruments
à cordes ou de cuivre ; — et la *librairie*, les magnifiques vitrines
de Mame, de Hachette, de Curmer, de Didot, de Jouaust, ces
Elzeviers et ces Aldes français qui rivalisent de luxe d'impression,
de reliure et d'*illustrations* : l'Imprimerie Impériale et sa magnifique
collection de caractères typographiques anciens et modernes, les
cunéiformes assyriens et les hiéroglyphes d'Égypte compris ; — et
la *lithographie* et la *xylographie*, toujours en progrès ; — et la
géographie, ses cartes, ses globes, ses sphères, ses atlas, parmi
lesquels nous regrettons de ne pas voir les beaux plans-reliefs des
montagnes de France, de M. Bardin, chef-d'œuvre de précision et
de science patiente ; — et la *coutellerie*, toute hérissée de ses
lames tranchantes ; — et l'*art médical*, ses appareils orthopé-
diques et chirurgicaux, les curieuses pièces d'anatomie élastique
du docteur Auzoux ; — et les *instruments de précision*, cette remarquable machine à calculer, de M. Thomas ; ces télescopes, ces
batteries et appareils électriques, en particulier cette redoutable
bobine Rhumkorff, toujours prête à lancer la foudre ; — et cette
intéressante galerie de *costumes populaires* des diverses provinces
de France, où la *coiffe* de Pornic coudoie le large chapeau du pa-
ludier de Saillé, et où les costumes bas-bretons se distinguent tout
particulièrement par leur cachet original et leur élégance rustique,
qui justifient de reste la vogue que le caprice de la mode est en
train de leur faire jusque sur le macadam du boulevard des Ita-
liens....

A côté de la métropole, nos colonies des Antilles, du Sénégal,

du Gabon, de l'Algérie, de Bourbon et de la Nouvelle-Calédonie,
exposent de riches spécimens minéralogiques, agricoles et fores-
tiers, ainsi que d'intéressantes collections de leur industrie indigène, armes, casse-tête, flèches empoisonnées, idoles, fétiches,
meubles, peaux préparées d'animaux sauvages, etc. : l'extrême
barbarie à deux pas de l'extrême civilisation.

II.

En sortant de France, je ne puis que mentionner au courant de
la plume (le défaut d'espace ne me permettant qu'un aride inven-
taire) :

La Saxe, son linge damassé, et sa porcelaine qui s'attarde encore au biscuit Pompadour; — la Bohême et ses cristaux renommés,
dont le bon marché n'est pas le moindre mérite; — Nuremberg et
ses poupées, si distancées par nos poupées parisiennes benoiton-
nantes, lesquelles rivalisent de luxe ruineux avec les petites filles
auxquelles elles sont destinées, et les mamans de celles-ci; — la
Forêt-Noire, ses *orchestrions* mécaniques, et son armée de pen-
dules-coucous en bois sculpté; — la Belgique, ses armes et ses
dentelles; — la Suisse, son horlogerie, ses pendules à musique, ses
tissus et ses dentelles aussi; — l'Espagne, ses costumes pittoresques
et un merveilleux meuble en mosaïque; — la Grèce, si déchue, qui,
en fait d'industrie, ne nous offre guère que les costumes éclatants
de ses palikares, et qui agirait sagement en faisant moins de révo-
lutions et en se rappelant plus efficacement son glorieux passé; — le
Danemark, son industrie déjà si remarquable, sa collection de crâ-
niologie comparée et une reproduction, d'un naturel à faire peur,
du terrible gorille, le roi des forêts du Gabon; — la Suède et la
Norwége, également en progrès sensible et qui attirent une foule
toujours empressée autour de leur si curieuse galerie de costumes
nationaux, ou plutôt de scènes populaires jouées avec une vérité
qui fait illusion, par des personnages muets, de grandeur naturelle, Dalécarliens, Islandais, Lapons, etc. ; — la Russie et son industrie si avancée déjà, ses draps, ses cuirs à la pénétrante senteur,
ses riches fourrures, sa belle orfévrerie au cachet byzantin, ses su-

perbes mosaïques, ses malachites et son écrin de pierreries de
l'Oural, ses opales, les plus grosses du monde, et la collection complète de ses costumes et types ethnologiques si variés; — l'Italie,
cette autre déchue, qui jadis, comme la Grèce, eût tenu le premier
rang dans un concours universel de ce genre, et qui en est encore
à copier ses glaces, ses meubles et ses majoliques du XVIe siècle;
— Rome enfin, ses mosaïques incomparables, ses camées, ses meubles incrustés, et surtout le *Météorographe*, déjà célèbre, du P.
Secchi, étonnante machine, — à la fois thermomètre, baromètre,
pluviomètre, anémomètre et psychromètre, — laquelle, mue par
l'électricité et armée de crayons, indique et enregistre automatique-
ment les divers phénomènes météorologiques à mesure qu'ils se
produisent : le vent, sa direction et sa force ; la chaleur, la pluie et
la quantité qui tombe ; la densité, la pesanteur et l'humidité de l'air.
Une fois monté, l'appareil continue pendant dix jours de suite son
savant travail de greffier automate, préparant ainsi pour l'avenir
d'inappréciables archives, qui ne peuvent manquer d'exercer une
féconde influence sur les progrès de cette science encore si obscure
de la météorologie. C'est assurément là une des merveilles de cette
admirable exposition, et la renommée de l'illustre jésuite, ainsi que
celle de l'observatoire du Collège romain qu'il dirige, ne peut qu'en
recevoir un nouvel éclat.

Après Rome, vient l'Orient, avec son industrie, raffinée et primitive tout ensemble, restée à peu près absolument *humaine* et
personnelle, et à laquelle la machine n'a pas imprimé son froid et
rigide cachet mathématique ; avec son génie du coloris, avec son
art à la fois naïf et brillant, mais qui depuis tant de siècles demeure
stationnaire, immobilisé qu'il est par un abrutissant despotisme :
la Roumanie et ses riches étoffes ; — la Turquie, ses tapis renommés, ses vaporeux tissus lamés d'or, sa jolie bijouterie en filigrane, ses meubles incrustés d'ivoire et de nacre ; — l'Egypte, le
Maroc, Tunis, la Perse, Siam, la Chine, le Japon, qui ne nous
offrent guère que ce que nous avons vu déjà chez les marchands de
curiosités : éclatantes panoplies, harnais rehaussés d'or, étoffes aux
couleurs voyantes, meubles d'un travail précieux et patient, etc.

L'Amérique suit l'Orient : un monde qui commence en regard

d'un monde qui finit. Voici les États-Unis, leur canon-revolver et
leurs pianos fabriqués à la vapeur (ils ont mis des machines jusque
dans leur bijouterie) ; — le Canada et ses riches essences fores-
tières ; — le Pérou et ses préparations de *coca*, cette plante quasi
fabuleuse, le plus puissant peut-être des toniques végétaux ; —
le Venezuela, son antique urne funéraire et son crâne de Caraïbe ; —
l'Uruguay et son *gaucho* déployant le *lazo* sur un cheval sauvage
invisible ; — le Brésil et sa forêt vierge en miniature..... Non loin
de là, les îles Hawaï nous présentent, dans un piquant voisinage,
une Bible et un journal publiés à Honolulu en langue polynésienne,
côte à côte avec un collier et un manteau de plumes dont naguère
encore peut-être se parait un ascendant, quelque peu anthropo-
phage, de S. M. Kamehameha.

Enfin, nous arrivons à la plus sérieuse rivale de la France, à
l'Angleterre. Car ce n'est pas seulement en politique que Paris et
Londres, cette Rome et cette Carthage modernes, se disputent la
prééminence. Armée de ses puissantes machines, de son admirable
outillage, de ses opulentes mines de houille et de ses métaux, à la
tête de ses habiles ouvriers, — l'Angleterre engage résolûment la
lutte sur tous les points, disputant le terrain pied à pied dans les
diverses branches : orfévrerie, bijouterie, céramique, meubles,
cristaux, tissus, soieries, pianos, imprimerie, etc. Si la victoire est
souvent douteuse, le progrès est sensible du moins, et pour main-
tenir la supériorité que jusqu'ici lui a assurée son goût, cette qua-
lité française par excellence, — la France fera bien de ne pas
s'endormir sur sa réputation et d'imiter les constants et opiniâtres
efforts de son émule.

A côté de l'Angleterre, et avant de clore cette longue et sèche
nomenclature, mentionnons enfin cette magnifique exposition de
l'Inde, toute resplendissante de ses étoffes brochées d'or, de ses
châles de Kachemir, de ses gazes transparentes, de ses vases d'or,
de ses ivoires sculptés, de ses meubles en ébène découpés à jour
avec une si surprenante habileté de main, de ses pierreries de
Golconde....., sans parler de cette galerie de types anthropologiques,
au sommet desquels se distinguent, par la blancheur du teint et
la régularité des traits, les descendants des antiques Aryas, frères

de nos pères, — descendants si étonnés de retrouver aujourd'hui des frères consanguins dans ces blonds Anglais, leurs conquérants, venus des froides régions du Nord.

N'oublions pas non plus l'Australie, cet aïeul des mondes, le premier né géologiquement, géographiquement le dernier, cette autre conquête de la moderne Carthage, — qui étale sous nos yeux des spécimens déjà remarquables de son industrie naissante, des laines de ses innombrables troupeaux, des minerais d'or de son opulent Ballarat, des bois de ses forêts, des échantillons de sa faune et de sa flore, également étranges, qui paraissent remonter toutes deux par delà l'époque quaternaire. En outre, une intéressante série de photographies nous fait connaître les principaux types physiognomoniques de ces autochthones néo-hollandais, estimés par certains anthropologistes à peine comparables à des singes pour l'intelligence, mais que des juges plus impartiaux ont relevés de cette sentence, trop sévère et trop absolue, des polygénistes.

Beaux-Arts.

A mesure que nous avançons, la matière se raffine, se subtilise, pour ainsi parler ; car, à mesure aussi, l'homme y incarne une part de plus en plus grande de son âme. De la matière brute aux tissus et aux meubles: — de ceux-ci aux cristaux, à la céramique et à l'orfèvrerie : — de l'orfèvrerie aux instruments de musique, auxquels l'homme donne une voix qui parle, chante et l'émeut comme sa propre voix ; — de ces instruments aux appareils scientifiques, qui lui prêtent comme une image du pouvoir divin : — la gradation est sensible. Viennent enfin les beaux-arts, qui la complètent. Ici surtout s'opère l'incarnation du génie humain. Un peu de toile et de couleurs, un bloc de marbre et un ciseau : voilà matériellement tout l'art. Que l'âme d'un artiste inspiré vienne à toucher d'un de ces reflets cette poignée de matière, et de ce contact vivificateur de l'esprit naîtra un chef-d'œuvre qui ravira d'âge en âge les générations. A l'exemple de Dieu fécondant l'argile de son souffle tout-puissant et en tirant la vie, l'homme aura créé — une image inanimée, il est vrai, puisqu'il n'est pas donné au génie lui-même d'aller plus loin ; mais, par cet acte du moins, il se sera le plus possible rapproché du suprême Créateur.

Parmi les artistes de tous pays dont nous voyons ici les œuvres étalées, combien en est-il qui aient vraiment créé ainsi ? Sur lequel de ces innombrables tableaux et statues rayonne le reflet du génie ? Le moment est solennel : l'art contemporain tout entier, à de rares exceptions près, tient là ses assises. Où sont ses Raphaël, ses Michel-Ange ? Où sont même ses Jules Romain et ses Bernini ? Si le génie est rare, sinon absent, le talent foisonne du moins.

Il ne saurait entrer dans notre cadre de passer en revue ces milliers d'œuvres d'art. La plupart, d'ailleurs, sont pour nous de vieilles connaissances, ayant déjà figuré dans les salons des dernières années, où presque toutes, parmi les françaises, du moins, ont été honorées de médailles.

Voici les *orientales* de Gérôme, les merveilles microscopiques de Meissonnier, les *Vénus* savonneuses de M. Cabanel, les pastorales écossaises de Rosa Bonheur (un talent qui décline) ; les paysages de Jules et d'Émile Breton, ces deux Arcadiens du pinceau ; les batailles d'Yvon et de Pils, les maréchaux de la palette ; les prodigieux trompe-l'œil de Desgoffe, les charmantes miévreries de Hamon, la *Psyché* de M. de Curzon ; la *Messe en mer sous la Terreur*, si émouvante, de M. Duveau ; le *Héro et Léandre* d'un autre Breton de talent, M. Baader ; l'*Arguenon* de ce regrettable Blin.....
Si je me laissais aller, je remplirais plusieurs pages de noms propres. Les maîtres que la mort vient de frapper successivement, à de si courts intervalles, Ary Scheffer, Horace Vernet, Decamps, Delacroix, Brascassat, Ingres, sont absents. De tout l'œuvre de H. Flandrin, son seul *Portrait de l'Empereur* figure ici ; il est vrai que ce pourrait bien être là le chef-d'œuvre de l'Exposition tout entière.

Bien que décapitée de ses plus illustres maîtres contemporains, l'école française maintient visiblement son rang, et ce rang est le premier. Si même on étudie successivement les autres écoles, on constate sans peine l'influence plus ou moins directe exercée par Paris sur la plupart d'entre elles, une part équitable étant faite toutefois au génie de chaque peuple, au tempérament particulier de chaque artiste.

Si Paris est l'Athènes de l'Europe, Munich est l'Athènes de l'Allemagne, et son exposition est particulièrement remarquée, grâce à ses Kaulbach, Baumgartner, Piloty, etc. La Prusse a son Knauss, avec ses jolies scènes, si spirituellement observées. La Belgique a son Leys, l'archéologue systématique ; ses deux Stevens, son Robie, rival de notre Saint-Jean, etc. L'Autriche a son Matejko ; la Suisse, son Karl Girardet, son Castan, etc. : l'Espagne, son Figueras, son Gonzalvo, son Zamacoïs, un nouveau venu d'espérance. Il n'est pas jusqu'au Danemark, à la Suède, à la Norwége et à la Russie, (pays où la couleur doit geler, ce semble, sur la palette), qui ne nous aient envoyé de fort bons tableaux, *intérieurs*. scènes historiques, ou paysages polaires aux étranges reflets.

En Italie, la sculpture éclipse la peinture. La foule se presse autour du *Napoléon* de Véla, de son *Printemps*. de la *Pietà* de Dupré, des bustes de Marcello (duchesse Colonna), de la *Charlotte Corday* de Miglioretti, de toutes ces œuvres charmantes où s'accuse, — trop peut-être, une extrême habileté de ciseau. Dans la patrie du Bernin et de Canova, l'art de manier le marbre a conservé toute sa traditionnelle dextérité, sans perdre non plus son penchant à la miévrerie.

Voici du moins un pays qui reste obstinément fidèle à son tempérament si accentué. Hermétiquement close dans son île, l'Angleterre met un soin jaloux à se préserver de l'influence extérieure ; elle n'emprunte à ses voisins ni sa politique, ni ses mœurs, ni ses arts. Aussi la peinture anglaise ne ressemble-t-elle à aucune autre ; elle déroute l'œil tout d'abord par la naïveté de ses procédés, le rendu minutieux et lourd des détails, la raideur de son dessin et le ton criard de son coloris. On se demande où les paysagistes anglais ont pris ces teintes si chaudes : car ils n'ont pu vraisemblablement emprunter ces incendies à leur pâle « soleil de charbon de terre. » Prenez une palette, disposez dessus les couleurs les plus voyantes au hasard de leurs nuances, appliquez le tout sur une toile ; puis, pratiquez çà et là quelques liaisons et retouches, — et vous aurez à peu près un tableau anglais. Non point qu'il n'y ait dans plusieurs

de ces peintures du talent, et beaucoup ; mais c'est d'une esthé-
tique toute spéciale et qui sent son terroir. Dans cet art tout anglais
cherchez bien plutôt une certaine étrangeté que l'harmonie et le
goût. Là aussi, comme en tout, le génie anglo-saxon a marqué sa
forte empreinte ; et, par ce temps de centralisation, d'unification,
d'universel effacement, nous ne nous sentons pas le courage de
nous en plaindre.

Qui le croirait ? *frère Jonathan,* aux allures pourtant si décidées,
au type si spécial, à la personnalité énergique jusqu'à la brutalité,
le fier Yankee s'est montré moins que son aîné John Bull, réfrac-
taire à l'action du dehors. L'art nouveau-né des États-Unis d'Amérique est moins original, et l'influence européenne, je veux dire
française, s'y fait manifestement sentir, même dans ces paysages où
semble flotter l'écharpe de l'Iris mythologique, où les cataractes de
Niagara étalent la gamme diaprée de leurs arcs-en-ciel vaporeux.

A cette rapide revue, si nous ajoutons les œuvres de la sculpture
française éparpillées dans le jardin central (l'*Impératrice Joséphine,*
de M. Vital Dubray, un artiste dont le ciseau sait être tour à tour
énergique et délicat ; le *Bacchus enfant,* digne de l'antique, de
M. Perraud ; le groupe si dramatique d'*Ugolin,* rival du *Laocoon* grec,
de M. Carpeaux ; le déjà célèbre *Chanteur florentin,* de M. P. Dubois ; etc.), — nous aurons achevé ce que nous avions à dire des
beaux-arts.

Ne sortons pas toutefois du jardin central sans dire un mot du
pavillon, qui en occupe le milieu, centre du centre, pôle du colossal
hémisphère de métal. Là, comme dans un sanctuaire, *saint des
saints* de la matière, devaient rayonner de tous leurs feux les diamants de la couronne : symbole et quintessence de tout ce monde
matériel, idole que seraient venues dévotement adorer toutes les
convoitises, soleil autour duquel auraient gravité dans leurs zones
elliptiques, toutes ces œuvres du génie humain, comme autant de
satellites et de planètes dans leurs orbites. J'ignore pour quels mo-
tifs le projet a été abandonné (la peur des voleurs y a peut-être bien
été pour quelque chose ; ne se serait-il pas trouvé des dévots capa-
bles de voler le dieu pour mieux l'adorer ?) Quoi qu'il en soit, le
Régent et ses précieux acolytes ont été remplacés par une exhibi-

tion, moins étincelante, mais pourtant intéressante aussi, des étalons des monnaies, poids et mesures en usage chez les principaux peuples du monde. Mesurer la matière, la peser, la payer : n'est-ce pas là à peu près tout le commerce ? Ces indispensables instruments de la mécanique des échanges sont plus vraiment utiles que le diamant. Ils le seraient bien davantage encore, n'était leur gênante variété. Un congrès international s'occupe en ce moment même de travailler à les uniformiser. Espérons que les préférences particulières et les habitudes invétérées s'effaceront devant l'avantage commun. Un grand pas serait fait dans les relations de peuple à peuple ; si surtout, à l'unité des poids, mesures et monnaies, venait s'adjoindre l'unité des méridiens, pour la plus grande utilité des marines des deux mondes.

Histoire du travail

I.

Nous en avons fini avec le présent ; il nous reste à parler du passé. Car les organisateurs de l'Exposition ont eu l'idée, vraiment belle et féconde, de mettre en présence l'un et l'autre. Parallèle intéressant, s'il en fut : pouvait-on mieux couronner cette grande fête du travail que par l'histoire du travail même ? — Voilà où en sont arrivés l'art et l'industrie : voici d'où ils sont partis et comment ils ont progressé. — Les parts respectives attribuées au présent et au passé sont loin d'être égales toutefois. Des sept cercles qui se partagent le palais, le présent s'en est égoïstement attribué six, laissant comme par grâce le dernier, le moins étendu, aux soixante siècles, et plus, qui se sont écoulés avant lui. Mais quel puissant intérêt offre cette modeste galerie, et comme il déborde cet étroit espace ! Nous n'avons ici, en effet, rien moins que l'histoire même de l'homme, résumée dans les monuments de son industrie, aux diverses phases de son développement. Suivons ces phases rapidement et en quelques mots, tout en regrettant de ne pouvoir nous étendre, comme il conviendrait, sur un tel sujet.

Tout d'abord, l'âge de la pierre nous offre ici de lui-même des témoignages aussi précieux qu'abondants, grâce aux récentes découvertes de MM. Lartet, Christy, de Vibraye, etc.

La pierre, tel fut, comme chacun sait, le premier des matériaux de l'industrie humaine, son premier auxiliaire [1]. Encore les archéologues distinguent-ils plusieurs périodes dans cet âge lointain, selon que la pierre est encore quasi brute, ou *travaillée*, ou *polie*, (c'est à cette troisième époque que se rattachent les dolmens, menhirs et autres monuments dits *celtiques*, répandus sur presque toute la surface de la terre, et dont la mystérieuse origine exerce depuis si longtemps la sagacité des antiquaires).

Armé de sa hache de pierre — silex, serpentine, néphrite ou obsidienne, — l'homme attaque un animal — renne ou bœuf primitif, — et le tue pour se repaître de sa chair; avec son couteau de silex, il dépouille soigneusement les os de leurs muscles et de leurs tendons (certains ossements que nous avons là sous les yeux portent les traces visibles encore de ce travail); puis, ces os eux-mêmes, taillés, percés, vont devenir à leur tour des armes et des outils : voyez plutôt cette riche collection d'hameçons, de harpons et d'aiguilles.

Cependant l'homme, que certains naturalistes regardent comme le fils, ou tout au moins le frère du gorille et de l'orang-outang, — l'homme, dès cet âge reculé, offre déjà tous les caractères distinctifs de son espèce ; c'est déjà l'être moral et religieux, créateur et pensant, ayant l'instinct du beau, le sentiment de l'idéal. L'homme est déjà artiste : — regardez ces pierres, ces ossements, ces ivoires, ces cornes, sur lesquels des graveurs inconnus sculptèrent, il y a des milliers d'années, l'image des animaux qui les entouraient, renne, mammouth, etc. (Un outil cylindrique trouvé dans une caverne du Périgord, présente même une effigie humaine.)

Le défaut d'espace, et plus encore, notre incompétence, nous défendent de discuter, à ce propos, la question de l'âge de l'homme, problème redoutable auquel nous avons eu l'occasion de toucher ici même [2] en passant. Au lieu de nous engager à la suite des archéologues contemporains, au sein de cette longue nuit d'âges

---

[1] Par une singulière coïncidence, le Champ-de-Mars lui-même a fourni à l'archéologie plusieurs objets en pierre taillée, exhumés de ses sablières.

[2] V. *Cinq heures en Espagne*.

sans histoire, de nous perdre dans cette ténébreuse série de périodes quaternaire, glaciaire, diluvienne, dont le mystère ne sera sans doute jamais entièrement éclairci, — rappelons que l'âge de la pierre varia en antiquité et en durée suivant l'aptitude des races à se civiliser, et qu'aujourd'hui encore il existe chez certaines peuplades de l'Océanie et de l'Amérique. Les Esquimaux, notamment, se servent encore, pour râcler les peaux dont ils se vêtent, d'un couteau de pierre semblable à ceux trouvés en France, en Suède, en Angleterre. Cette curieuse coïncidence serait-elle une preuve nouvelle à ajouter à celles qui semblent démontrer que les races finnoises ou boréales actuelles vécurent jadis chez nous, et que, chassées par des invasions de peuples supérieurs, comme le sont aujourd'hui les indigènes de l'Amérique et de la Nouvelle-Hollande, elles émigrèrent de plus en plus vers le nord, emmenant avec elles le renne, le mammouth, le bœuf musqué et autres animaux polaires, dont on retrouve de si nombreuses traces dans l'Europe centrale ?

Quoi qu'il en soit de ces obscurs problèmes, la haute antiquité des instruments en pierre leur fit attribuer chez divers peuples un caractère religieux. C'est avec un couteau en silex que se pratiquait chez les Juifs la circoncision ; une hache de pierre servait chez les Romains au culte de Jupiter Latialis ; les Chinois conservent également avec vénération des instruments de même matière : enfin, dans le parc même du Champ-de-Mars, le temple mexicain, dont nous avons parlé plus haut, nous présente, entre autres curieuses antiquités, un couteau en obsidienne, le même, assure-t-on, qui servait aux prêtres aztèques pour arracher le cœur des victimes humaines dans leurs sanglants sacrifices. — Ceci nous conduit à faire une triste réflexion.

La première œuvre de l'industrie, le premier monument de l'histoire, — fut une arme, destinée moins sans doute à protéger l'homme contre les bêtes féroces qu'à le défendre contre son semblable, ou peut-être même à l'attaquer. Quelle arme grossière et primitive toutefois ! On voit assez que nos pères n'étaient que de misérables barbares. Combien nous, leurs fils civilisés, nous les avons laissés loin en arrière dans le grand art de tuer ! Comparez l'une de ces haches de pierre au canon prussien, et niez, si vous l'osez, le progrès de la civilisation ! C'est à peine si l'arme sauvage arriverait à blesser mortellement un seul homme, tandis que la machine civilisée en tuerait proprement vingt ou trente d'un seul coup ! Que serait-ce si, à cette inoffensive panoplie en pierre de nos ancêtres, nous opposions tout notre arsenal : canons, mortiers, obusiers, carabines, fusils, mousquets, pistolets, revolvers, bombes, boulets, capsules, cartouches, torpilles, machines à balles, etc., de Liége, de Saint-Etienne, de Paris, de Manchester, de Liverpool, de Suède, de Prusse, d'Autriche, d'Amérique, — chaque pays ayant tenu à honneur de figurer dans ce grand concours d'instruments de mort, et de briguer la première place dans l'art de la destruction? Il y a là de quoi exterminer cent mille hommes en quelques minutes. Ne nous invite-t-on pas tous les jours à saluer l'aurore de l'universelle fraternité des peuples?

Depuis qu'il existe, l'homme a dépensé le plus clair de son temps et de son génie à inventer et à perfectionner les moyens de se détruire, comme si tuer était le dernier mot de la civilisation, et comme si, pour abréger sa courte et misérable vie, il n'y avait pas assez déjà de cette armée d'invisibles ennemis, — maladies, fléaux, accidents de tout genre, — qui ne cessent de le poursuivre, de l'épier, de le traquer, semblables à des fauves acharnées à la capture d'une proie! Nous pouvons suivre ici concurremment les progrès de la civilisation et de l'art de détruire, l'un marchant du même pas que l'autre. Nous pouvons étudier notamment les transformations successives du canon et du fusil (deux terribles engins dont l'enfer a dû envier à la terre l'invention, et qui ont tué plus d'hommes que la peste et le choléra), depuis ces longs tubes de fer couchés comme des serpents sur leurs affûts vermoulus, jusqu'aux canons rayés; depuis l'arquebuse à mèche et à rouet, jusqu'au fusil-revolver. Car, ainsi que nous l'allons voir, cet étonnant musée archéologique nous offre, entre autres surprises, celle de trouver des revolvers datant de trois cents ans avant le colonel Colt, et des canons rayés inventés cent ans avant la bataille de Solferino! N'est-ce pas le cas ou jamais de répéter encore avec Salomon : *Nil sub sole novum ?*

II.

Arrive enfin l'emploi des métaux.

Aux trois périodes de la pierre, succède l'âge du bronze, âge qui, comme le premier, varia fort quant à l'époque de son avénement dans les diverses régions, et qui, pour certains peuples, n'a pas encore commencé[1]. Dès lors, l'industrie s'élargit, ainsi qu'en témoignent ces armes (toujours), ces ornements, ces colliers, ces bracelets. Avec l'époque gallo-romaine, l'art s'élève jusqu'à ces statues et à ces bas-reliefs. L'époque carlovingienne nous offre de riches reliquaires byzantins, des olifants d'ivoire, des manuscrits déjà illustrés de miniatures et de reliures émaillées. Quant au moyen âge, il nous éblouit du trésor qu'il étale sous nos yeux : manuscrits enluminés, vases sacrés, ornements sacerdotaux, diptyques, triptyques, tapisseries, châsses gothiques, etc., tous objets pour la plupart envoyés par les cathédrales d'Angers, de Reims et de Troyes. — La Renaissance s'enorgueillit à juste titre de ses émaux de Limoges, de ses aiguières en or et en argent repoussé, de ses faïences de Palissy et de Henri II, etc. — Le XVIIe et le XVIIIe siècle ne nous offrent pas moins de plusieurs milliers d'objets, dont chacun mériterait une mention : meubles de Boule, vieux Sèvres, vieux Gobelins, terres cuites de Clodion, une curieuse collection de chaussures historiques, un merveilleux éventail d'ivoire ayant appartenu à Marie-Antoinette, une serrure exécutée par Louis XVI, faïences, orfévrerie, bonbonnières, tabatières, montres, — tout un musée aussi charmant que riche, accumulé par les collectionneurs.

Voilà pour la France.

Un mot rapide sur l'exposition particulière de chacune des autres nations.

---

[1] L'étude des langues d'origine aryenne (sanscrit, lithuanien, zend, etc...) a révélé ce fait remarquable que nos pères les Aryas connaissaient déjà le bronze avant leur dispersion et leur départ de l'Asie. Ce furent vraisemblablement eux qui apportèrent le métal aux peuplades primitives de l'Europe occidentale.

L'Autriche a d'admirables vases en cristal de roche, des armes magnifiques et d'anciennes porcelaines viennoises. La Hongrie, fille d'Attila, se distingue par l'étrangeté de son art primitif.

A côté des vestiges de son âge de pierre et de son crâne de Celte-Ibère, l'Espagne expose de jolies réductions de l'Alhambra, des pièces remarquables d'orfévrerie religieuse, un vieux et curieux meuble avec incrustations d'ivoire, puis enfin deux inappréciables reliques : la cotte de mailles et l'épée du Cid Campeador. — Une collection complète des médailles et monnaies nationales, un superbe ostensoir du XVIᵉ siècle en gothique fleuri, des faïences de Porto : telle est, en raccourci, la part du Portugal.

La Hollande nous a apporté quelques spécimens de sa célèbre céramique de Delft, un charmant violon en faïence, et de formidables cornes à boire, autrefois en usage dans ces *ghildes* et ces *kermesses* célébrées par le pinceau réaliste des Flink, des Van-der-Helst.

En Suède et en Norwége, après avoir salué en passant ces antiques vêtements sacerdotaux, reliques vénérables du catholicisme, aujourd'hui persécuté, nous contemplons tour à tour l'armure de Gustave Wasa, le berceau et l'épée de Charles XII, et deux ou trois inscriptions runiques, hiéroglyphes scandinaves qui attendent encore leur Champollion.

Le Danemark, ce pays par excellence de l'archéologie, qui recèle dans ses tourbières un vaste musée paléontologique, nous a envoyé de nombreux spécimens de son âge de pierre et de son âge de bronze, et tout d'abord un bloc de ses célèbres *Kjœkkenmœddings* (rebuts de cuisine), reliefs des grossiers festins de ses habitants primitifs, débris comestibles composés surtout de coquillages et d'os d'animaux (urus, lynx, chien, porc, etc.) et qui, accumulés pendant des siècles, forment des couches longues de plusieurs centaines de mètres, larges à proportion et épaisses de trois à neuf pieds : encore un chronomètre anthropologique qui nous recule loin dans le passé [1]. Mentionnons encore à l'actif du Danemark, cette curieuse couleuvrine de fer du XVᵉ siècle, se chargeant par la

---

[1] Des débris analogues viennent d'être découverts en Provence, en Angleterre et en Italie.

culasse (!), ce fusil-revolver à six coups de 1597, ce canon rayé du XVIIIᵉ siècle..., enfin, ce traîneau esquimau-groënlandais et son attelage de chiens. — Elle aussi, la Russie a son fusil-revolver, datant de 1638 ; il ne doit pas toutefois nous faire oublier ce magnifique lampadaire byzantin du XIIᵉ siècle, ces tableaux peints sur bois, non plus que cette opulente vaisselle plate ciselée, en argent, en or et en vermeil, de divers czars et czarewitchs.

La Suisse n'est représentée que par ses antiquités lacustres ; il est vrai que nous avons là tout un musée, qui nous raconte les obscures annales des palafittes depuis l'âge de la pierre taillée jusqu'à l'âge du bronze inclusivement : haches en silex, dont quelques-unes encore munies de leur manche ; vases grossiers, contenant des grains carbonisés de froment, d'orge, d'avoine, de pois, de lentilles ; faucilles, tissus de laine ou de lin, armes, bijoux, bracelets, longues épingles à cheveux, boucles d'oreilles, — frêles témoins d'un mystérieux passé, débris d'antiques Pompéis lacustres, enfouis pendant tant de siècles dans le limon des lacs helvétiques, et qui viennent d'ajouter à l'histoire de l'homme un chapitre inattendu.

Grâce surtout au trésor royal et au musée de Kensington, l'Angleterre se distingue par une exposition particulièrement complète et brillante : armes de l'âge de pierre et de l'âge de bronze, colossales armures anglo-saxonnes faites pour des géants, cuirasse incrustée d'argent de Charles Iᵉʳ, châsse de S. Patrick, coupe de S. Thomas Becket, masses, épées, aiguières, faïences, terres cuites, bijoux, miniatures, — objets auxquels il convient d'ajouter d'immenses albums mobiles de photographies représentant les œuvres de cet art si étonnant de l'Inde, de son architecture notamment, temples souterrains d'Ellorah, etc.

L'Italie, enfin, nous intéresse vivement à son tour, par une reproduction de sa pirogue récemment exhumée et qui, taillée dans un seul tronc d'arbre, offre la plus frappante analogie avec les pirogues polynésiennes actuelles [1] ; par ses antiquités romaines, par ses débris pompéiens, surtout par le fac-simile de ces cadavres moulés

---

[1] Un bateau du même genre vient d'être trouvé dans les alluvions de la Seine. Il figure au musée archéologique de Saint-Germain-en-Laye.

dans le *lapillo* du Vésuve et restés pendant dix-huit siècles ense-
velis dans leur linceul de cendres, jusqu'au jour tout récent où
M. Fiorelli les retrouva à la place où les surprit le volcan, gardant
encore, dans la rigide immobilité de la mort, les attitudes convul-
sives de leur dernière agonie.

Telle est, fort en abrégé, cette magnifique galerie de l'histoire du
travail, dont chaque vitrine est comme un chapitre des archives de
l'humanité, à commencer par les ténèbres de l'âge de pierre, pour
finir avec le XVIIIe siècle.

Une réflexion naît spontanément de cette revue du passé : l'homme
est-il en progrès? question moins indiscrète et moins hasardée
qu'elle ne le paraîtrait tout d'abord. Évidemment l'homme industriel se perfectionne; comment le nier en présence de cet amas de
produits merveilleux, derniers nés de son génie? Mais pouvons-
nous en dire autant de l'homme artiste? La machine est en progrès :
en est-il de même de l'art? Qui oserait le dire après avoir passé en
revue les œuvres du passé, œuvres dont nous n'avons encore ici
qu'un si incomplet échantillon? Si la vue de nos machines nous
rend fiers à bon droit, par contre, celle des chefs-d'œuvre artistiques de nos devanciers doit nous apprendre à être modestes. Ce
passé si volontiers méconnu et calomnié, qui nous a légué le trésor
de ses œuvres et de son expérience, et dont nous sommes les in-
grats héritiers, — nous en sommes réduits à copier son architecture, sa sculpture, sa peinture, son orfévrerie, sa littérature, sans
parvenir à les égaler, encore moins à les surpasser. Il y a des milliers d'années que l'homme s'est élevé jusqu'au sommet de la con-
ception du beau ; la machine est d'hier, l'art est éternel. Serait-il
destiné, non pas à disparaître, mais à s'éclipser?

L'idéal laisserait-il ses rayons s'éteindre sous la matière? Le
culte du beau doit-il décidément céder le pas à la recherche absor-
bante de l'utile?

Il semble que l'homme ne puisse s'élever d'un seul coup et tout
entier à la même hauteur, et que l'équilibre de ses facultés soit
fatalement destiné à se rompre, les unes tendant à descendre quand

les autres prédominent. L'art est une fleur délicate qui a peine à
s'acclimater dans une atmosphère de fumée de houille. Le bruit
des marteaux, le sifflement de la vapeur effarouchent l'inspiration.
L'art, cette autre aristocratie, est en proie aujourd'hui à une crise
solennelle : le flot démocratique le menace à son tour. Dans son duel
inégal contre l'industrie, cette bourgeoise parvenue, il est bien près
de succomber. Déjà il pactise avec sa rivale et se fait industriel.
C'est un noble en train de se faire roturier.

Ainsi se déroule de cercle en cercle ce spectacle grandiose, dont nous avons essayé de fixer un trop pâle reflet dans ce compte rendu, si court et si long tout ensemble [1]. Spectacle écrasant par sa variété et son immensité ; un monde à envelopper d'un coup d'œil, à faire tenir en quelques pages ! Une bibliothèque et une science encyclopédique suffiraient à peine pour traiter comme il conviendrait un aussi immense sujet. Ce que contiennent ces quelques milliers de mètres carrés, ce n'est rien moins que l'humanité résumée dans l'espace et le temps, l'univers et l'histoire en raccourci, l'abrégé du génie humain dans ses œuvres. Et quelle somme de génie et de talent l'ensemble de ces œuvres représente ! La pensée en est comme effrayée. Ce que nous contemplons ici, c'est le trésor même de l'humanité, son capital intellectuel et matériel, l'épargne séculaire de son expérience, — pour tout dire, c'est la civilisation, dans ses diverses phases, depuis l'aurore des âges jusqu'à nos jours, depuis la hache en pierre du sauvage jusqu'à la machine du *Friedland*, depuis la hutte yakoute en écorce d'arbre jusqu'à ce colosse de fer de 1,500 mètres de pourtour.

Supposez un instant qu'un autre Omar mette le feu à ce monument, bien autrement précieux que la bibliothèque d'Alexandrie ; supposez que disparaissent en même temps toutes les œuvres et machines diverses dont nous avons les spécimens ici rassemblés, et

[1] Encore n'avons-nous rien dit de l'Exposition agricole de Billancourt, toute spéciale, il est vrai. Nous aurions désiré aussi mentionner en passant nos exposants de l'Ouest ; mais comment arriver à découvrir les aiguilles bretonnes et les épingles vendéennes dans cette colossale botte de foin ? Nommons toutefois, un peu au hasard, M. Suzer, auquel ses cuirs ont justement valu la décoration ; MM. Lotz et Renaud, leurs locomobiles et machines agricoles ; MM. Colombi (de S.-Malo), opticiens distingués ; l'usine métallurgique de Couëron ; M. Fr. Chauveau (de Saint-Herblon), à qui sa belle exposition bovine a mérité la grande médaille d'or ; M. Nerriére-Ménard (de Nantes), et ses bâches imperméables, etc.

que l'homme en vienne tout à coup à oublier ce qu'il a mis si longtemps à apprendre : à l'instant même, la société rétrograde de plusieurs milliers d'années, jusqu'à la primitive barbarie, jusqu'à l'âge
de la pierre, et l'œuvre de la civilisation est à recommencer.

Un tel spectacle est trop complet pour qu'il puisse se renouveler
de sitôt. L'année 1867 restera longtemps comme la grande olym-
piade de l'industrie. Il n'y a pas encore soixante-dix ans, ce même
Champ-de-Mars vit une première Exposition industrielle : *cent dix*
exposants répondirent à l'appel du gouvernement d'alors. Un peu plus
d'un demi-siècle s'écoule, et le nombre des exposants s'élève à près
de *cinquante mille !* — Grâce à son génie expansif et sociable, et à
l'irrésistible attraction qu'elle exerce, la France seule, de l'aveu
même de ses rivaux, pouvait réaliser avec ce succès et sur cette
échelle une semblable entreprise. Parmi toutes les villes du monde,
il n'y avait que Paris qui pût être le théâtre d'une manifestation
aussi vraiment universelle, et dont le magnétique prestige fût ca-
pable d'attirer ce concours inouï de souverains et de peuples. Londres, Berlin, Vienne, Pétersbourg, sont des capitales : Paris est la
capitale par excellence, l'universel rendez-vous, l'hôtellerie du
monde.

Ce n'est pas là, d'ailleurs, le seul côté de ce grand fait dont la
France ait le droit d'être fière. Son exposition particulière se distingue entre toutes par l'éclat, la perfection et cette fleur du goût,
cachet indélébile de son génie. Sur ce pacifique champ de bataille,
comme sur les autres, la victoire lui reste presque toujours fidèle.
Ses industriels et ses artistes sont dignes de ses soldats.

Puissent du moins les innombrables visiteurs, couronnés ou non,
de notre Exposition, y apporter autre chose qu'une vaine curiosité !
Que le spectacle de la matière triomphante ne leur fasse pas oublier l'esprit, source de toutes ces merveilles, — l'âme, d'où procède toute vraie civilisation, - et moins encore Celui de qui
émanent l'âme et l'esprit. Qu'ils se rappellent que, sans vertu et
sans grandeur morale, toutes les splendeurs de la civilisation matérielle ne sont au fond que misère et décadence. Cette imposante
manifestation internationale, ce grand jubilé des peuples, inspirera-
t-il enfin à ceux-ci des sentiments de justice, de concorde, de fra-

ternelle union? Ce Champ-de-Mars s'appellera-t-il désormais le Champ-de-Mai? Lui qui vit autrefois s'accomplir la fédération de nos provinces, verrait-il aujourd'hui, comme on l'a répété, l'aurore de la fédération des peuples? Puisse du moins cette autre fédération n'être pas cruellement démentie par les sanglants excès qui suivirent de si près la première !

Nantes, imprimerie Vincent Forest et Émile Grimaud, place du Commerce, 4.